Waltraud Becker

Lust ohne Reue

„Die Nahrung mit dem maximalen Wirkungsvermögen, dem höchsten Heilwert und überraschenden Nährwert aber ist eine richtig zusammengesetzte und zubereitete pflanzliche Rohkost. Ihre Heilwirkung im Zusammenhang mit geordnetem Leben grenzt ans Wunderbare. Sie ‚heilt' nicht die Krankheit, sondern den Gesamtorganismus, dem sie die Kraft gibt, alles Krankhafte zu überwinden, so es nicht zu spät ist."

Dr. med. Max Bircher-Benner, Zürich, 1938

aus „Mein Testament", Bircher-Benner-Verlag, Bad Homburg

WALTRAUD BECKER

LUST OHNE REUE

ISBN 978-3-89189-068-4
8. Auflage 2011
© 1997 by emu-Verlags GmbH, Lahnstein
Alle Rechte, auch die des auszugsweisen Nachdrucks, der fotomechanischen Wiedergabe und der Übersetzung vorbehalten.
Gesamtherstellung: Kösel, Krugzell
Fotos: Stephan Geiger

Inhaltsverzeichnis

Einige Worte vorweg 11
Warum tier-eiweißfreie Vollwertkost? 12
Wie sieht tier-eiweißfreie Vollwertkost aus? 13
Das Austauschprogramm 15
Gute Haushaltshilfen 15

Fragen in der Umstellungszeit 16
- Kann der Mensch allein von Pflanzenkost leben? 16
- Kann die Ernährung sofort umgestellt werden? 16
- Frischkost – was macht sie so unverzichtbar? 17
- Was kann getan werden, damit Frischkost regelmäßig gegessen wird? ... 17
- Was ist so schlimm an Fabrikzucker und Auszugsmehl? 17
- Wenn es im Bauchraum rumort 18
- Nun noch einige Anmerkungen zum Fettverzehr 18
- Warenzeichen der deutschen Öko-Anbauverbände 19

Getreide 20
- Vollkorndefinition 21
- Woran läßt sich Vollkornbrot erkennen? 21
- Hülsenfrüchte (Leguminosen) 21
- Nüsse und Ölsaaten 22

Frischkorngerichte 23
Grundrezept Weizenspeise 24
Getreidespeise aus Keimlingen 25
Frischkorngericht mit Weizenflocken 26
Getreidecreme 26

Vollkornbrötchen 27
Weizen-Vollkornbrötchen – Grundrezept 28
Gefüllte Brötchen – Überraschungsbrötchen 29
Apfelbrötchen 30
Anisbrötchen – Ringbrötchen 30
Kuchenbrötchen 31
Sesam-Sahne-Hörnchen 32
Türkische Fladen 33
Pfefferbrötchen – Doppelbrötchen 33
Unordentliche Gemüsebrötchen 34
Butter-Hörnchen 35
Frühstückskuchen 36

Vollkornbrote … 37

- Fladenbrot – eine Art Knäckebrot … 38
- Hefe-Gewürzfladen … 39
- Weizenvollkornbrot mit Hefe – Grundrezept … 40
- Tipps & Kniffe – speziell fürs Brotbacken … 41
- Vollkorn-Baguettes … 42
- Mais-Baguettes … 43
- Kürbisbrot … 43
- Frühstückszopf … 44
- Sonntagsbrot … 45
- Butter-Zwieback … 46
- Spezialbrot … 47
- Hefe-Gersten-Gebäck mit Hartweizen … 48

Brotaufstriche süß und pikant … 49

- Marmelade … 50
- Pflaumenmus/Aprikosenmus … 50
- Himbeercreme/Erdbeercreme … 51
- Nußcreme extra fein … 51
- Zitronenbutter … 52
- Zitronen-Reiscreme … 53
- Sonnenblumencreme … 53
- Sonnenblumencreme – herb … 54
- Kokoscreme … 54
- Kräuterbutter … 55
- Zwiebelbutter … 55
- Senfcreme … 56
- Meerrettichcreme … 56
- Meerrettich-Möhren-Butter … 57
- Gemüsebutter … 57
- Avocadocreme … 58
- Champignon-Toast … 59
- Grünkernbutter … 60

Frischkost … 61

- Gemüsefrischkost – Grundrezept … 62
- All-in-Methode, Variation 1 … 63
- All-in-Methode, Variation 2 … 63
- All-in-Methode, Variation 3 … 64
- All-in-Methode, Variation 4 … 65
- Chicorée-Salat in Currysahne … 66
- Tomaten-Birnen-Salat … 67
- Sauerkraut-Frischkost … 68
- Lauch-Frischkost … 69
- Weißkohl-Salat … 70
- Wildkräuter-Salat … 71
- Rote-Bete-Frischkost … 72

Balkan-Schüssel	73
Austernpilz-Salat	74
Winter-Frischkost	75
Champignonsalat	76

Suppen pikant und süß ... 77

Rustikale Gemüsesuppe mit Grünkerneinlage	78
Porrée-Cremesuppe	79
Spargelsuppe	79
Blumenkohlsuppe mit Hirsemehl	80
Blumenkohlsuppe mit Aprikosen	81
Feine Zwiebelsuppe	81
Sellerie-Orangen-Suppe	82
Austernpilz-Suppe	83
Französische Kartoffelsuppe	84
Möhrencremesuppe mit bunter Einlage	84
Champignonsuppe	85
Broccolisuppe	86
Aprikosen-Gersten-Suppe	86
Kürbissuppe mit Ingwer	87
Obstsuppe mit Hartweizen	88
Brotsuppe	88
Bananencreme-Suppe	89
Kartoffelsuppe mit Wildkräutern	90

Soßen süß und herb ... 91

Zitronen-Sahne-Soße	92
Kräuteressig-Soße	92
Obstessig-Soße	92
Französische Salatsoße	93
Zitronen-Nuß-Soße	94
Orangen-Mandel-Soße	94
Grüne Soße	95
Bunte Sauerrahm-Soße	96
Meerrettich-Sahne-Soße	96
Tomatensoße	97
Kapernsoße	97
Apfelsoße	98
Gemüsesoße	98
Soßen-Grundrezept	99
Mandelsoße, süß und herb	100

Warme Getreidespeisen ... 101

Getreide-Salat	102
Hafer-Obstsalat	103
Weizenspeise süß	104
Gerstenspeise süß	104

Haferspeise süß	105
Haferspeise pikant	105
Hirsespeise, Grundrezept	106
Bunte Hirsespeise herb	107
Reisspeise mit Früchten	107
Reisspeise mit Kräutern	108
Maisspeise süß	109
Bunte Hirsespeise süß	109
Reispfanne mit Gemüse	110
Pilz-Spaghetti	111
Vollkornspätzle mit gerösteten Zwiebelringen und Gemüsesoße	112
Nudelsalat	113
Apfel-Pfannkuchen	114
Pfannkuchen „extra fein"	116
Hafer-Bratlinge mit Wirsing	117
Hartweizen-Bratlinge mit Sonnenblumenkernen	118
Reisklößchen auf Apfelscheiben	118
Zwiebel-Bratlinge	120
Hartweizen-Klößchen	121
Grünkern-Klößchen	122
Hafer-Rahmklößchen	122
Maisbällchen	124
Gemüsezubereitungen	**125**
Gefüllte Zucchini	126
Sellerie in Kräuterteig	127
Gemüsepfanne	128
Gemüsespieße	130
Gemüse-Pilz-Ragout	130
Bohnensalat	132
Buntes Gemüse überbacken	132
Sommer-Gemüse-Schlemmertopf	133
Austernpilze in Kräuterrahm	134
Fenchelgemüse	135
Lauchgemüse	136
Gefüllte Kohlwickel	137
Rotkohl-Rouladen	138
Sellerie-Apfel-Gratin	139
Sauerkraut-Kartoffel-Gratin	140
Linsen-Eintopf	141
Paprika – ungarisch	142
Kartoffelgerichte	**143**
Kümmel-Kartoffeln	144
Folien-Kartoffeln	144
Kartoffelrösti	146
Gebackene Kartoffelstäbchen	146
Kartoffelpuffer	147

Kartoffelpuffer-Party	148
Kartoffeln mit Béchamel-Soße	149
Tomaten-Kartoffeln	150
Kartoffelsalat	150
Kartoffelspeise, ganz schnell	151
Kartoffel-Apfel-Püree	152
Kartoffel-Gratin	152
Kartoffelklöße	154

Süßspeisen . . . 155

Früchte-Creme in zahlreichen Variationen	156
Sanddornspeise	156
Gefüllter Bratapfel	158
Mohnpielen	158
Apfelschlemmerei	159
Mais-Creme	160
Grießspeise mit Sahne-Frucht-Soße	160
Vanillesoße	161
Fruchtsoße mit Ingwer	161
Cremige Fruchtsoße	162

Kuchen . . . 163

Mürbeteig mit Hartweizen	164
Mürbeteig-Torte im Sahnemantel	165
Oldenburger Ontario-Torte	165
Hefe-Blechkuchen mit Obstbelag	166
Gedeckter Aprikosenkuchen	167
Bienenstich-Blechkuchen	168
Vollkornstollen	169
Mohnstollen	170
Hefe-Napfkuchen	171
Gewürzkuchen	172

Kleingebäck . . . 173

Kokoskugeln	174
Hafer-Mandel-Mürbchen	174
Heidesand-Gebäck	176
Nelken-Plätzchen	177
Schoko-Nuß-Törtchen	177
Mürbeteig-Plätzchen	178
Mandel-Marzipan mit Früchten	179
Nougat-Kugeln	180

Pikante Gebäcke . . . 181

Pikante Hefescheiben	182
Party-Zungen rustikal	183
Grüne Pizza	184

Zwiebelfladen	185
Pilzstrudel mit Dinkel	186
Würzplätzchen aus Hartweizen	187
Glutenfreies Gebäck in Waffelform	188
Haferwaffeln mit Fruchtsoße	189
Vollkornwaffeln	190

Einige Worte vorweg

Liebe Leserinnen und Leser!

Sie halten ein ganz besonderes Buch in Ihren Händen: Es bietet Ihnen rund 200 Rezepte für die Vollwertküche *ohne tierische Eiweiße*. Dennoch – oder gerade deshalb? – ermöglichen sie köstliche Speisen und Gebäcke. Das bedeutet also, Sie finden in den Rezepturen keine eiweißreichen Produkte vom Tier, also weder Milch, Joghurt, Quark, Käse noch Eier – Fleisch, Wurst und Fisch selbstverständlich auch nicht, ebenso keine Sojaprodukte. Die erforderlichen Bindungen bei Brotaufstrichen, Pfannengerichten, Klößen, vor allem bei Backwaren werden mit hochwertigen pflanzlichen Zutaten, z. B. besonderen Getreidearten, Ölsaaten, erreicht. Hinzu kommen Milchfett-Produkte aus der Hochfettstufe wie süße Sahne, Sauerrahm und Butter.
Und das soll funktionieren, werden Sie vielleicht etwas skeptisch fragen? Ja, es gelingt tatsächlich, ohne tierische Eiweiße auszukommen und dennoch schlemmerhafte Speisen zuzubereiten.
Diese Rezeptsammlung bietet sich einem großen Personenkreis an:
- Menschen, die aus Krankheitsgründen, z. B. bei sogenannten Allergien, Neurodermitis, Asthma, Ekzemen und anderen Hautleiden, Rheuma, Gefäßerkrankungen u. a. Hilfen zur Ernährungsumstellung suchen;
- gesundheitsbewußten Familien, die den ernährungsbedingten Zivilisationskrankheiten von vornherein keine Chance geben wollen, vielmehr Widerstandskraft, Leistungsfähigkeit und Wohlbefinden bewahren möchten;
- durch Meldungen über Rinderwahnsinn, Schweinepest und Geflügelsalmonellen verunsicherten Konsumenten auf der Suche nach Qualität. Mit möglichst vielen pflanzlichen Produkten aus ökologischer Herkunft kann Eß-„Lust ohne Reue" auch heißen, sich von möglichen Gesundheitsgefahren fernzuhalten, die aus der Massentierhaltung erwachsen, ferner durch radioaktive Bestrahlung der Lebensmittel und neuerdings gentechnische Einflüsse bei der Lebensmittelherstellung verursacht werden können.
- Der ethische Aspekt: Viele Menschen möchten nicht mehr am Tierleid beteiligt sein und sind überzeugt, daß wir Tiere nicht quälen und töten dürfen, um sie ohne Nahrungsnot zu essen.

Biologische Vollwertkost ohne tierische Eiweiße verbindet also persönliche Gesundheitsvorsorge mit weitreichenden ökologischen und sozialen Aspekten. Damit bietet sie sich als eine neue, zukunftsorientierte Eßkultur an.
Die Rezepte sind selbstverständlich vielfach erprobt. Sie stehen für Alltagsspeisen, festliche Menüs, zahlreiche Frischkorngerichte und vielfältige Backwaren. Ihre Anordnung beginnt mit dem Frühstück, gefolgt von Mittag- und Abendspeisen hin zu Desserts und Feingebäck. Für die Küchenpraxis gibt es immer wieder „Tipps und Kniffe". Wie ein „roter Faden" zieht sich das Prinzip der schonenden Speisenzubereitung durch alle Arbeitsvorschläge. D. h. es wird stets versucht, die wertvollen naturbelassenen Zutaten möglichst unerhitzt, teilerhitzt oder nur so kurz wie nötig erhitzt zu verwenden.
Moderne Küchengeräte helfen, dieses Prinzip ohne großen Aufwand in die Praxis umzusetzen, um damit sehr wohlschmeckende und verführerisch aussehende Gerichte zu servieren. Das Vorurteil, Vollwertkost sei enorm arbeitsaufwendig, wird durch die Praxis schnell widerlegt. Die folgenden Abschnitte „Warum tiereiweißfreie Vollwertkost?", „Wie sieht sie aus?" und „Fragen in der Umstellungszeit" erleichtern Ihnen den Um- und Ein-

stieg. Das ist ganz besonders dann wichtig, wenn es darum geht, eine Krankheit zu lindern oder zu heilen.

Ich wünsche allen Freundinnen und Freunden der tiereiweißfreien Vollwertkost allzeit ein gutes Gelingen und viel Freude bei der Umsetzung der Rezepte zur Eß-„Lust ohne Reue"! Sofern Sie individuelle Fragen haben, wenden Sie sich bitte an den emu-Verlag, Dr.-Max-Otto-Bruker-Straße 3, 56112 Lahnstein/Rhein. Wir antworten Ihnen gern.

Im März 1997

Waltraud Becker

Warum tier-eiweißfreie Vollwertkost?

In den letzten Jahrzehnten entstanden in reichen Industrienationen, also auch bei uns, vollkommen veränderte Eßgewohnheiten. In den Regalen des Einzelhandels dominieren seit langem Fabriknahrungsmittel und tischfertige Speisen. Nur wenige landwirtschaftliche Produkte werden heute noch in den Haushalten vom Ursprung her zubereitet. Charakteristisch für diese Art der „modernen" Ernährung ist ein Übermaß an tierischen Produkten – eine „Tiereiweißmast"! Im Vergleich zu der Zeit um 1900 verzehren wir heute durchschnittlich 8–10mal soviel an Fleisch, Fisch, Eiern, Milch- und Milcherzeugnissen. Tierische Produkte sind damit längst zum selbstverständlichen Grundnahrungsmittel geworden. Bekanntlich wird Tiernahrung ja über sogenannte „Veredelungsprozesse", mit einer Verlustrate von bis zu 80% an direkt verzehrbarer Pflanzennahrung gewonnen. Diese Art sich zu ernähren bedingt einen großen Ressourcen-Einsatz und bedeutet doch gleichzeitig hohe wirtschaftliche Verluste, oftmals verbunden mit tierquälerischer Massentierhaltung. Außerdem birgt diese Ernährungsform auf Dauer ernstzunehmende gesundheitliche Gefahren für uns Menschen. Der Verzehr von Tierteilen (einschließlich Milch und Eier) bedeutet für uns Menschen die Zufuhr von Fremdeiweiß. Artfremdes Eiweiß, regelmäßig und reichlich genossen, oftmals dazu noch in schlechter biologischer Qualität und überwiegend erhitzt, belastet den Organismus. Das Ergebnis: ernährungsbedingte Zivilisationskrankheiten. Nach Dr. med. M. O. Bruker, Lahnstein, gibt es nachweislich Krankheiten, die zunächst als unheilbar gelten, jedoch durch den Verzicht auf tierische Eiweiße und die Hinwendung zur vitalstoffreichen Vollwertkost mit hohem Frischkostanteil gelindert, ja oftmals sogar geheilt werden können:

1) Rheumatische Erkrankungen, d.h. Erkrankungen der Bewegungsorgane
2) gewisse Hauterkrankungen (Ekzeme, heute fälschlicherweise Neurodermitis genannt)
3) viele allergische Erkrankungen, auch Asthma
4) Gefäßerkrankungen
5) Infektanfälligkeit

Zitat Dr. M. O. Bruker: „Der Allergiekranke kann wieder geheilt werden. Da bei jeder Allergie, gleich um welche Erkrankung es sich handelt, eine Störung der Antigen-Antikörper-Reaktion vorliegt, und diese sich im Eiweißstoffwechsel abspielt, ist eine Vermeidung des tierischen Eiweißes notwendig. Je strenger dies durchgeführt wird, um so sicherer ist die Heilung, die allerdings meist Jahre dauert, da sie auch Jahrzehnte zu ihrer Entwicklung benötigt."

Nun genügt es nicht, „nur" das tierische Eiweiß wegzulassen. Vielmehr ist es unerläßlich, grundsätzlich in die vitalstoffreiche Vollwertkost einzusteigen.

Lassen Sie sich auf den folgenden Seiten darlegen, wie vielfältig diese Kostform ausgestattet ist. Vielleicht ahnen Sie bereits, welche schlemmerhaften Mahlzeiten in diesem Rahmen möglich sind. Der Wohlgeschmack der natürlichen Lebensmittel insbesondere aus ökologischer Herkunft, ihre gute Bekömmlichkeit und lange Sättigung lassen sehr bald das anfängliche Verlangen nach den bisherigen Speisen verschwinden. Skeptiker haben verwundert diese Veränderung bei sich festgestellt und sind freiwillig bei der tier-eiweißfreien Vollwertkost geblieben. Wer möchte auch schon dieses ausgesprochene Wohlbehagen, die Überzeugung, gut ernährt und nicht beteiligt zu sein am Leid anderer Geschöpfe, wieder aufgeben? Wegen einer chronischen rheumatischen Erkrankung praktiziere ich selbst seit vielen Jahren ganz konsequent diese Kostform. Dabei empfinde ich schon lange keine Verzichtsgefühle bzw. keinen Heißhunger mehr. Ohne die Veränderung meiner Ernährung säße ich vermutlich längst im Rollstuhl.

Wie sieht tier-eiweißfreie Vollwertkost aus?

An Speisenzutaten stehen zur Verfügung:
- Zahlreiche Getreidearten frisch gemahlen, geflockt oder gekeimt für eine schier unübersehbare Fülle von Speisezubereitungen;
- die Vielfalt an frischem Gemüse und Obst, Kartoffeln und Hülsenfrüchten sowie nicht blanchierte Gefrierkost;
- alle Nußarten und Mandeln sowie zahlreiche Ölsaaten;
- naturbelassene Speisefette wie Sahne, Sauerrahm (Hochfettstufe), Butter und sog. kaltgepreßte Öle;
- natürliche Süßungsmittel wie Honig und süße frische Früchte;
- Gewürze, Küchen- und Wildkräuter.

Es empfiehlt sich, die Lebensmittel soweit wie möglich aus ökologischer Herkunft zu bevorzugen. Preislich liegt die Versorgung der Familie letztlich noch günstiger, weil etliche kostenstarke Produkte aus dem alten Konzept nun fortfallen. Die Warenzeichen der ökologischen Anbauverbände wie „Demeter", „Bioland" usw. helfen, qualitätsbewußt und sicher einzukaufen. Mit dieser Auswahl bevorzugter Lebensmittel werden von vornherein zahlreiche toxische Substanzen und Fremdstoffe ausgeschaltet, die bei der sonst üblichen Ernährung als Rückstände mitverzehrt werden: Pflanzenbehandlungsmittel, hormonelle und arzneiliche Futterzusatzstoffe bzw. Stoffe für Konservierung, Färbung, Geschmacksverstärker, Emulgatoren und andere Substanzen, die oft nicht einmal auf den Packungen deklariert werden müssen. In Art und Menge weisen gerade die tierischen Produkte mehr an unerwünschten Rückständen auf, weil Tiere große Mengen von Pflanzen aufnehmen.

Von nun an läßt es sich gut verzichten auf:
- Fleisch und Produkte daraus
- Fisch und Produkte daraus
- Eier und Produkte damit
- Milch und alle Produkte, die das Milch*eiweiß* enthalten wie süße/saure Milch (Dickmilch), Joghurt, Kefir, Quark, Frischkäse, Weichkäse, gereifter Käse.

Die Milchfett-Produkte der Hochfettstufe, süße Sahne und Sauerrahm sowie die Butter, beinhalten nach dem sogenannten „Verschiebeeffekt", lediglich Reste an Eiweiß, die vernachlässigbar sind (siehe auch Kasten).

Der „Verschiebeeffekt" bei Milchprodukten: Wo viel Eiweiß ist, ist weniger Fett, wo viel Fett ist, ist weniger Eiweiß.
Beispiele:
100 g	Vollmilch enthält	3,5 g Eiweiß, 3,5 g Fett
100 g	Joghurt enthält	4,0 g Eiweiß, 1,5 g Fett
100 g	saure Sahne enthält	3,1 g Eiweiß, 10,0 g Fett
100 g	süße Sahne enthält	2,5 g Eiweiß, 30,0 g Fett
100 g	Sauerrahm enthält	2,5 g Eiweiß, 30,0 g Fett.

Die Tages-Eiweißbilanz dürfte mit Produkten der Hochfettstufe Sahne/Sauerrahm/Butter am geringsten sein, weil die verwendete Menge automatisch geringer ist, so daß nur 1–1$\frac{1}{2}$ g Resteiweiß verzehrt wird.

Die folgenden Fabrikprodukte passen absolut nicht in das Vollwertkonzept, sie sollten darum gemieden werden:
○ alle Fabrikzuckerarten und Produkte damit (s. S. 15)
○ alle Auszugsmehle und Produkte damit
○ alle Fabrikfette und Produkte damit
○ alle übrigen Extrakte, Präparate, auch Sojaprodukte und vorgefertigte Nahrungsmittel.

Diese (nach Prof. Kollath) „Nahrungsmittel" – im Gegensatz zu „Lebensmittel" sind ein- bis mehrfach fabrikatorisch bearbeitet, isoliert, extrahiert, präpariert bzw. konserviert, neuerdings auch mit gentechnisch veränderten Mikroorganismen hergestellt. Damit erfüllen sie nicht mehr den ganzheitlichen, natürlichen, entsprechend den Schöpfungsgesetzen erforderlichen „Lebensmittel"-Vollwert. Werden diese teilwertigen Fabriknahrungsmittel über Jahre und Jahrzehnte hinweg verzehrt, entsteht im Organismus eine Mangellage. Wichtige Stoffwechselvorgänge laufen nicht mehr optimal ab. Mit gewisser Zeitverzögerung sind „ernährungsbedingte Zivilisationskrankheiten" die Folge.

Ernährungsbedingte Zivilisationskrankheiten:

Gebißverfall – Zahnkaries, Parodontose, Zahnfehlstellungen
Erkrankungen des Bewegungsapparates – sog. rheumatische Erkrankungen
alle Stoffwechselkrankheiten, Fettsucht, Zuckerkrankheit, Leberschäden, allergische Erkrankungen
die meisten Erkrankungen der Verdauungsorgane, z.B. Stuhlverstopfung
Gefäßerkrankungen – Arteriosklerose, Herzinfarkt, Schlaganfall, Thrombose
mangelnde Infektabwehr – sog. Erkältungskrankheiten
manche organische Erkrankungen des Nervensystems
auch an der Entstehung des Krebses ist die Fehlernährung in erheblichem Maße beteiligt.

Zu den Fabrikzuckerarten gehören:

- weißer und brauner Haushaltszucker
- Traubenzucker
- Malzzucker
- Vollrohrzucker
- Rübensirup
- Apfeldicksaft
- Ur-Süße
- Melasse
- Stärkezucker
- Würfel- und Puderzucker
- Fruchtzucker
- Milchzucker
- Sucanat
- Ahornsirup
- Birnendicksaft
- Ur-Zucker
- Maltodextrine
- Glukosesirup

Nach der Zuckerartenverordnung sind Maltodextrine, Fruchtzucker, Stärkezucker, Traubenzucker, Malzzucker u. a. kein „Zucker" im Sinne des Gesetzes, egal ob sie süß schmecken oder nicht (s. Lebensmittelrecht, Zuckerartenverordnung vom 8. 3. 1976). So darf manches Produkt als „zuckerfrei" deklariert werden.

Das „Austauschprogramm"

Eier, Milch, Quark, Käse können wie folgt ausgetauscht werden:

Bei Gebäcken für 1 Ei	1 EL Butter (20–30 g)
zur Bindung von Soßen und Suppen	Butter, Sahne oder Sauerrahm, bestimmte Getreide, Ölsaaten
„mit Käse überbacken"?	Sauerrahm + Semmelbrösel + Butter bzw. Semmelbrösel + Butter
Teiglockerung ohne Eier, Milch oder Quark	Flüssigkeit halb Sahne, halb Wasser, Hefe als Triebmittel, Auswahl stark bindefähiger Zutaten wie Einkorn, Dinkel, Kamut, Amaranth, Quinoa, Hartweizen, Buchweizen, zusätzlich zerkleinerte Ölsaaten
sofern keine Sahne gewünscht wird	vermehrt Butter und Reisbrei bzw. Hirsebrei als Trägersubstanz, zusätzlich zerkleinerte Ölsaaten

Gute Haushaltshilfen

- eine leistungsfähige Getreidemühle
- eine Hand-Flockenquetsche
- ein Haushaltsmixer
- Handrührgerät mit Mixstab
- Frischkostraffel
- Salatschleuder

Fragen in der Umstellungszeit

Kann der Mensch allein von Pflanzenkost leben?

Diese sorgenvolle Frage zielt im allgemeinen auf die Eiweißversorgung ab. Darum: Ja, er kann! Pflanzliche Eiweiße sind vollwertig, d. h. alle essentiellen (lebensnotwendigen) Aminosäuren sind vorhanden. Bereits vor Jahrzehnten wies die Welternährungsorganisation FAO nach, daß 35 g rein pflanzliches Eiweiß am Tag für volle Gesundheit und Leistungsfähigkeit ausreichen. Werden zudem Teile der täglichen Nahrung in der biologisch hochwertigen, nämlich unerhitzten Form als Frischkost verzehrt, liegt das tägliche Eiweißminimum noch darunter.

Innerhalb der vitalstoffreichen Vollwertkost gilt als Maßstab für die Eiweißversorgung – auch für Kinder im Wachstumsstadium – der Eiweißgehalt der Muttermilch mit „nur" 1,4–2,5%. Bei dieser scheinbar geringen Menge wächst der Säugling im Verhältnis zu seiner späteren Entwicklung ganz enorm. Allerdings wird das Eiweiß in der Muttermilch ausschließlich in „nativer", also unerhitzter natürlicher Form aufgenommen. Nach Kollath verliert Eiweiß durch Erhitzen seine natürliche Beschaffenheit, es „denaturiert" und kann dann nicht mehr optimal dem Zellwachstum dienen.

Zur Information: Der Eiweißgehalt der pflanzlichen Mischkost liegt im Durchschnitt bei 5–8%. Das Getreide weist immerhin Eiweißgehalte zwischen 8 und 12%, in sonnigen Jahren sogar bis 16% auf, und Getreide ist ein Grundlebensmittel, das täglich gegessen werden kann. Hülsenfrüchte, Nüsse, Mandeln und Ölsaaten sind mit Gehalten von 15–20% ebenfalls sehr eiweißreich. Bei Artenvielfalt im täglichen Speiseplan ergänzen sich die einzelnen Eiweißbausteine (Aminosäuren), so daß eine ausreichende Versorgung sichergestellt ist. Der Blick in eine gängige Nährwerttabelle bringt auch die Gewißheit, daß der Calciumgehalt der Pflanzenkost durchschnittlich wesentlich höher liegt als der der tierischen Produkte.

Kann die Ernährung sofort umgestellt werden?

Die Kostumstellung kann von einem Tag auf den anderen erfolgen. Wichtig sind in jedem Fall vorangestellte Informationen über Sinn, Zweck und Umfang der Maßnahme, damit alle Familienangehörigen das Neue vorbehaltlos mitmachen. Es ist nicht zu empfehlen, einem Familienmitglied allein, z. B. einem ekzemkranken Kind, die tier-eiweißfreie Kost zu „verordnen", und alle anderen im Haus bleiben bei dem bisherigen Speiseplan. Diese Sonderrolle kann eigentlich nur negativ von dem Betroffenen erlebt werden, und zwar mit Verzichtgefühlen auf liebgewonnene Speisen. Inkonsequentes Verhalten und Spannungen ums Essen sind damit in der Familie vorprogrammiert. Viel besser ist es, ein Programm für die ganze Familie daraus zu machen.

Für die Speisenauswahl gilt der Rat, erst einmal die bekannten, quasi „Lieblingsgerichte", der Familie beizubehalten, sie jedoch konsequent mit vollwertigen Lebensmitteln zuzubereiten. Später, bei gewisser Akzeptanz all des Neuen, bietet sich ein Wochenspeisenplan an, der von allen Familienangehörigen ausgefüllt und so eher akzeptiert werden kann.

Frischkost – Was macht sie so unverzichtbar?

Es ist die biologische Qualität der Frischkost, also der unerhitzten, lebensfrischen Nahrung. Sie ist der Qualität der Kochkost weit überlegen. Sie birgt in sich einen großen Reichtum an Vitalstoffen und naturbelassenen Nährstoffen, vor allem Eiweiße. Die Versorgung der wichtigen inneren Organe und der Körperzellen erfolgt damit optimal. Der Organismus bleibt auf Dauer vor einer Mangelsituation bewahrt. Die Stoffumwandlung geschieht nach Rohnahrung im übrigen leichter und für den Körper energiesparend. Diesen Vorgang kann jeder bei sich selbst beobachten: Nach Frischkostgenuß tritt keine Müdigkeit auf, wohl aber nach üblicher Kochkost und Präparatenahrung. Diese Zusammenhänge werden mit dem Begriff „Verdauungsleukozytose" umschrieben. Nach einer Kochkost-Mahlzeit treten im Blut vermehrt weiße Blutkörperchen auf, so als entspräche diese erhitzte Nahrung einem Fremdstoff. Bei Frischkost tritt die Leukozytose nicht auf, interessanterweise auch nicht, wenn die Mahlzeiten mit Frischkost begonnen und mit Kochkost beendet werden. Es sollte darum zur festen Regel werden, die Reihenfolge „erst Frischkost – dann Kochkost" zu beherzigen.

Was kann getan werden, damit Frischkost regelmäßig gegessen wird?

Der Erfolg hängt stark vom Aussehen und Wohlgeschmack der Speisen ab. Mit farbenfrohen frischen Zutaten lassen sich abwechslungsreiche Gerichte zaubern. Dies setzt qualitativ hochwertige Zutaten voraus und natürlich auch Phantasie. Die rasch erkennbaren gesundheitlichen Fortschritte machen Mut und sind Lohn für ein wenig Mühe.

Zu den Vitalstoffen gehören:
o Vitamine – fett- und wasserlösliche, vor allem des B-Komplexes
o Mineralstoffe
o Spurenelemente
o Enzyme (Fermente)
o Duft- und Aromastoffe
o ungesättigte Fettsäuren im natürlichen Verbund
o Faserstoffe

Was ist so schlimm an Fabrikzucker und Auszugsmehl?

Alle Arten von Fabrikzucker (s. Seite 15) sowie Weiß- und Graumehle stellen reine Nährstoffisolate dar. Sie sind quasi frei von lebensnotwendigen Vitalstoffen. Auch wird bei ihrer Gewinnung das ursprüngliche Nähr- und Wirkstoffgefüge z. B. der Zuckerrübe bzw. des Getreidekorns total zerstört. Isolate, die, wie alle Fabrikzuckerarten und Auszugsmehle, nahezu 100%ig aus Kohlenhydraten bestehen, kommen nirgendwo in der Natur vor. Stets bietet die Natur ein Nährstoffgemisch an und liefert die für die Stoffumwandlung nötigen biologischen Wirkstoffe in feinst abgestimmter Form mit. Bei dem Nährstoff Kohlenhydrat spielen besonders die Vitamine des B-Komplexes aus dem Vollgetreide eine zentrale Rolle. Fehlen sie dauerhaft, treten durch diese Mangelernährung Stoffwechselstörungen auf. Was Fabrikzuckergenuß (einschließlich Auszugsmehle) über lange Zeit verursacht, liest sich zusammengefaßt so:
o Fabrikzucker ist am häufigsten ursächlich an ernährungsbedingten Zivilisationskrankheiten (s. auch S. 14) beteiligt;
o 98% der 10jährigen Kinder haben Karies;
o Fabrikzucker macht (Kinder) appetitschwach; er fördert allgemein die Infektanfällig-

keit, auch die Entstehung allergischer Erkrankungen; er ist die Ursache für den sogenannten Altersdiabetes;
- ○ Fabrikzucker kann suchtartig abhängig machen, er fördert den Reizhunger (Gier) nach mehr Süßem;
- ○ Fabrikzucker kann auch in kleinen Mengen naturbelassene Lebensmittel unverträglich machen.

Je konsequenter auf vitalstoffreiche Vollwertkost umgestellt wird, desto früher verliert sich das Verlangen nach Süßem. Es ist sehr hilfreich, wenn für die zu erwartenden Phasen des Süßigkeitsverlangens vollwertiges Gebäck und Naschwerk vorrätig sind, damit in dem Augenblick kein Rückfall eintritt. Als Wegzehrung und Außer-Haus-Mahlzeiten (z. B. bei Kindergeburtstagen) müßte u. U. das Essen mitgegeben werden, weil gerade hier Rückfallgefahren drohen.

Wenn es im Bauchraum rumort

Fabrikzucker in all seinen Erscheinungsformen wird im allgemeinen zusammen mit Kochkost und Fabriknahrung recht gut vertragen. Die sogenannten „Unverträglichkeitserscheinungen" wie Leibschmerzen, Blähungen, Völlegefühl, Sodbrennen und dgl. treten oftmals mit Beginn der Kostumstellung auf. Jede Kostumstellung kann vorübergehend Beschwerden machen, die aber harmlos sind. Es ist dann darauf zu achten, daß übliche fabrikzuckerhaltige Marmelade, Getränke mit Fabrikzucker, aus Gewohnheit ein paar Kekse oder ein Eis, vor allem Fertigspeisen, in denen fast immer Fabrikzucker enthalten ist, auch bei der Geschmacksnote herb, gemieden werden. Auch kleinste Mengen, gestern oder vorgestern mitverzehrt, können besonders beim Empfindlichen Störungen hervorrufen. Da diese Zusammenhänge noch nicht allgemein verbreitet sind, werden oftmals Vollkorn- und Frischkostspeisen zu Unrecht als nicht verträglich angesehen. Damit wird u. U. die Chance vertan, aus dem „Labyrinth der Ungesundheit" (Ralph Bircher) herauszukommen. Bisweilen muß recht akribisch vorgegangen werden, um die Störenfriede ausfindig zu machen. Manchmal stören genauso gekochtes Obst (mit oder ohne Zucker), Säfte und auch Trockenfrüchte. Ebenso kann Honig Unpäßlichkeiten verursachen. Sobald sich das neue Konzept in der Familie gefestigt hat, spielt der Honig die Rolle, die ihm gebührt: Er wird zum Gewürz.

Entsprechend den Naturgesetzen haben wir Menschen nicht den geringsten Bedarf an isolierten Kohlenhydraten (Fabrikzucker und Auszugsmehle), wohl aber einen erheblichen Bedarf an kohlenhydrathaltigen Lebensmitteln (Getreide, Gemüse, Obst).

Nun noch einige Anmerkungen zum Fettverzehr

Seit geraumer Zeit wird Angst vor dem Fettverzehr im allgemeinen verbreitet. Oftmals wird speziell vor der Butter gewarnt, sie sei an mancherlei Krankheiten schuld. Diese Angst geht teils von den Befürwortern der alten Ernährungslehre (Kalorienlehre) aus, teils wird sie von der Nahrungsmittelbranche geschürt, die statt Butter Margarine im Programm hat. Zum Glück ist diese Angst völlig unbegründet, denn jeder kann bei sich selbst feststellen, daß es kein Mengen-, sondern ein Qualitätsproblem ist, wenn Fett dem Menschen schadet. Werden von nun an ausschließlich naturbelassene Fette verzehrt, dann stören sie nicht, auch machen uns diese Fette nicht „fett". Naturbelassene Fette werden lediglich mechanisch und nicht industriell gewonnen. Sie enthalten die erforderlichen biologischen Wirkstoffe, und ihre Fettsäuren befinden sich noch im natürlichen Verbund. Damit ist ein reibungsloser Fettstoffwechsel gewährleistet. Alle Lebewesen benötigen auf Dauer lebendige Nahrung, wenn sie gesund und leistungsfähig bleiben möchten. Im Fettbereich sind das die Samen der Nüsse, Mandeln und Ölfrüchte, daraus gewonnene Öle der sog. kalten Pressung, die garantiert nicht raffiniert wurden. Ferner sind es die Sahne (Sauerrahm) der Kuhmilch und daraus hergestellte Butter.

Bei Fabrikfetten läuft die Gewinnung völlig anders, hohe Fettausbeute aus den Rohstoffen und geringe Produktionskosten sind die Ziele. Raffinationsprozesse sind wiederholte industrielle Vorgänge im Zusammenhang mit chemischen Substanzen, Wasser und hohen Temperaturen (über 200 °C), um die mit der sog. Extraktionslösung (mit Leichtbenzin) gewonnenen Rohöle von ungenießbar in genießbar umzuwandeln. Sie werden auch „Reinfettstoffe" genannt. Sie sind dann bar jeglicher Vitalstoffe, und ihr einstiges natürliches Fettsäuremuster ist nicht mehr vorhanden. Sie bilden eine wirtschaftlich interessante Grundlage für sog. „programmierte Fette" mit besonderen technischen Eigenschaften: Kühlschrankfeste Öle, Margarinen, Blätterteigfette, Frittierfette, Trennfette, Fette für Glasuren, Fertiggerichte, cremegefüllte Waffeln, Knabberwaren und Babynahrung (!). Zu ihrer Gewinnung werden die chemisch-technischen Verfahren „Fraktionierung" (Teilabtrennung von Fettsäuren), „Umesterung" (Fettsäuren-Veränderung) und „Fetthärtung" eingesetzt. Mit derartigen toten Fabrikfetten kann der Organismus auf Dauer nicht fertig werden. Der natürliche Abbau zu Kohlendioxyd und Wasser ist durch den chemischen Umbau der Fettsäuren und das Fehlen biologischer Wirkstoffe auf Dauer erschwert, wenn nicht gar ausgeschlossen.

Auch deshalb werden für schonende Bratvorgänge in der Vollwertküche naturbelassene Öle empfohlen. Die Vitalstoffverluste in unserer Bratpfanne sind keinesfalls vergleichbar mit der Beeinträchtigung der Fette durch die industrielle Herstellung. Also keine Angst vor Butter, Sahne, Sauerrahm und Öl. Die Qualität ist ausschlaggebend, die Quantität ist zweitrangig.

Warenzeichen der deutschen Öko-Anbauverbände

Demeter	biologisch dynamische Wirtschaftsweise, überregional
Bioland	organisch-biologische Wirtschaftsweise, überregional
Biokreis Ostbayern	regional begrenzte Organisation
Naturland	naturgemäße Anbaumethoden, überregionale Vermarktung
ANOG	Arbeitsgemeinschaft für naturnahen Obst-, Gemüse- und Feldfruchtanbau
BIOPARK	ökologische Anbaumethoden besonders für Großbetriebe in Mecklenburg-Vorpommern und Brandenburg
Öko-Bund	Verband für ökologische Landwirtschaft Baden-Württemberg
Öko-Punkt	Sächsisches Öko-Prüfsiegel „Öko-Landbau Sachsen"
ECO-VIN	Bundesverband ökologischer Weinbau

Mit einer EU-Verordnung aus 1991 wurden die ökologischen Anbaumethoden europaweit anerkannt. Auch Importe aus Drittländern dürfen nur nach der EU-Verordnung gehandelt werden. Die allgemein gültige Kennzeichnung lautet: „EWG-Kontrollverfahren – ökologische Landwirtschaft".

Getreide

Seit mehr als 10 000 Jahren ist für den Menschen das Getreide als Grundlebensmittel nachgewiesen. Weltweit waren es einzelne oder mehrere Getreidearten, angepaßt an die jeweiligen Klimabedingungen, die jahrtausendelang menschliche Hochkulturen ermöglichten. An der überragenden Bedeutung der Getreide für die menschliche Ernährung hat sich bis heute nichts geändert, auch wenn dies für manche Mitbürger nicht erkennbar ist.
Bei der Diskussion über die Welternährungslage und den Hunger in der Welt stehen Weizen, Reis und Mais stets im Vordergrund. Getreide wird weltweit ausreichend angebaut. Theoretisch müßte niemand Hunger leiden. Die Knappheiten hängen einmal mit den veränderten Verzehrsgewohnheiten zusammen: Zwischen 40 und 50% der Weltgetreideernte wird seit Jahren an Tiere verfüttert, Tendenz stark steigend. Besonders die bevölkerungsreichen Länder Asiens, die inzwischen zu materiellem Wohlstand gekommen sind, bevorzugen nun auch den Verzehr von Tieren. Zum anderen erzeugen finanzielle und politische Manipulationen Knappheiten am Getreidemarkt, unter denen besonders die wirtschaftlich schwachen Länder zu leiden haben („Getreide als Waffe"). So meldet die UNO weit über 800 Millionen Hungernde und Unterernährte um die Jahrtausendwende.
Aus der Verwandtschaft mit den „wilden" Vorfahren, den Gräsern, sind wichtige Eigenschaften bei allen Getreiden erkennbar, die sie letztlich so unverzichtbar machen:
Große Widerstandskraft, relativ bescheidene Bodenansprüche, hohe Erträge, Wachstum praktisch in allen Weltregionen, lange Lagerfähigkeit, kompakte Nährstoffspeicher und vielseitige Verzehrsmöglichkeiten.
Von jeher nutzten Menschen Einkorn, Emmer, Dinkel, Kamut, Backweizen und Roggen als Brotgetreide – Gerste, Hafer, Hirse, Reis und Mais als Fladen- und Breigetreide. Ausführlich (mit Rezepten) habe ich darüber in dem Buch „Korngesund" (emu-Verlag) berichtet.
Innerhalb der Jahrtausende entwickelte sich etwa $1/3$ der Menschheit zu Brotessern. Zunächst waren es nur die reichen Volksschichten. Hingegen blieben $2/3$ Breiesser (sie buken Fladen), auch deshalb, weil „ihr" Getreide Reis, Mais oder Hirse nicht zu gelockertem Brot verarbeitet werden konnte. Interessant ist, daß die breiessenden Völker gesünder blieben.
Für die Vollwertküche stehen uns das ganze Jahr über zahlreiche Getreidearten in bester ökologischer Qualität zur Verfügung, und zwar für relativ wenig Geld. Niemals kannten die Menschen vor uns einen solchen Reichtum! Aus diesen vielen Sorten kann eine kaum überschaubare Anzahl von Speisen und Gebäcken bereitet werden, so daß die gut geführte Vollwertküche niemals langweilig oder eintönig ist.
Mögliche Zubereitungen aus und mit Getreide:
Getreidefrischkost süß/herb aus Vollkornschrot/-mehl, geflockt oder gekeimt;
warme Getreidespeisen süß/herb; Brotaufstriche;
Brötchen und Brote, Kuchen, Torten, Kleingebäck, Waffeln;
Suppen, Soßen süß/herb, Nudeln, Klöße;
Pfannkuchen süß/herb, Aufläufe, Süßspeisen.

> **Vollkorndefinition**
> - Getreide der jeweiligen Sorte sollte zu 95–98% keimfähig sein
> - frisch gemahlen als Vollkornschrot (grob) als Vollkornmehl (fein) bzw. geflockt ohne Lagerung sofort verzehrt/verarbeitet
> - aus frisch gemahlenem Vollkornschrot/-mehl wird „echtes" Vollkornbrot gebacken
> - Getreide aus ökologischer Herkunft

Woran läßt sich Vollkornbrot erkennen?

Optisch so gut wie gar nicht, weder Farbe noch Struktur des Gebäckes lassen einen absolut sicheren Schluß zu. Fragen Sie Ihren Bäcker, ob mühlenfrisches Mehl verarbeitet wurde. Ein sehr dunkles und grob strukturiertes Brot muß nicht „echtes" Vollkornbrot sein, ein sehr helles, leichtes Brot kann aber sehr wohl aus frisch gemahlenem Vollkornmehl sein. Prof. Werner Kollath, der bedeutendste Ernährungsforscher unserer Zeit, hat uns eine Fülle von Forschungsarbeiten hinterlassen, die eindrucksvoll den gesunderhaltenden Wert von „echtem" Vollkorn belegen.

Hülsenfrüchte (Leguminosen)

Unter Hülsenfrüchten verstehen wir die trockenen (keimfähigen) Samen von Erbsen, Kichererbsen, Bohnen, Linsen, Sojabohnen und Erdnüssen. Sie alle reifen in Hülsen. Fast alle Arten haben die außerordentlich wichtige Eigenschaft, mit bestimmten Bakterien in Gemeinschaft (Symbiose) zu leben, die ihrerseits Luftstickstoff in Knöllchen an den Wurzeln der Leguminosen binden können. Man nennt Hülsenfruchtarten auch „Stickstoffsammler".

Von der Steinzeit bis in die Neuzeit hinein waren die Hülsenfrüchte mit ihrem hohen Eiweißgehalt zwischen 20 und 26% weltweit eine wesentliche Ergänzung zur Getreidekost. Mit dem aufkommenden Wohlstand sind Hülsenfrüchte allgemein „unmodern" geworden. Anders in der Vollwertküche, hier haben die nährstoffreichen Samen aus ökologischer Herkunft ihren festen Platz. Alle Arten lassen sich als ganze Samen eingeweicht und gegart zu deftigen Eintopfgerichten bzw. bekannten Beilagen zubereiten. Linsen und Kichererbsen schmecken auch im gekeimten Zustand (als Frischkost) vortrefflich.

Mit einer leistungsfähigen Getreidemühle können grüne oder gelbe Erbsen sowie Linsen zu Schrot oder Mehl gemahlen werden. Damit eröffnen sich weitere Zubereitungen, z. B. für schnelle Suppen, Klöße, Pfannengebäcke in Getreidekombination.

Eine besondere Rolle spielt die Sojabohne.

Sie ähnelt im Pflanzenwuchs der Buschbohne. Ihre Samen sind gelb, grün, braun oder schwarz. In der Welterzeugung und im internationalen Handel zählen Sojabohnen in dieser Zeit zu den bedeutendsten Weltwirtschaftspflanzen. Der Hauptexporteur sind die USA. Große Mengen werden in Brasilien und China produziert, dem eigentlichen Ursprungsland der Sojapflanze. Diese Hülsenfruchtart ist einzigartig in ihrem Nähr- und Wirkstoffgefüge: 36–38% Eiweiß, 24% Kohlenhydrate (überwiegend Faserstoffe), 21% Fett, ferner reichlich Lecithin, Vitamine und Mineralstoffe. Nahrungsmittelhersteller isolieren die Rohstoffe aus den Bohnen und bieten eine Fülle von Präparaten an, die aus und mit Soja hergestellt werden. Man spricht von 20000 bis 30000 Nahrungsmitteln, die Anteile von Soja enthalten. Beispiele: Sojaöl, Lecithin als Emulgator für Backmittel, Sojaschrot als eiweißreiches Futtermittel, Sojapulver für Fertigprodukte, Soja-Eiweißkonzentrate für die Tofu-Schnellbereitung, Backfette, Margarinen, als Zusatz für Fleischspeisen, Mayonnaisen, Suppen, Soßen, Sojamilch (sog. Milchimitat), frittierte Tiefkühlware, Zusatz zu Süßwaren u.v.a.m. Sojapräparate sind nicht zu empfehlen. Neuerdings sind gentechnisch veränderte Sojabohnen am Markt. Die Pflanzen wurden mit Hilfe der Gentechnik gegen ein Herbizid des Chemie-Konzerns Monsanto (USA) resistent gemacht. In der vitalstoffreichen Vollwertkost sind Sojaprodukte nicht erforderlich, nicht vom Eiweißgehalt her und nicht als Bindemittel. Die Herstellung sämtlicher Teilprodukte aus der Bohne setzt stets mehrere fabrikatorische Vorgänge voraus. Das heißt, naturbelassene Soja-Angebote sind nicht möglich. Ausnahme: Angekeimte Bohnen, doch ihr Geschmack ist mehlig-fad.

Nüsse und Ölsaaten

werden in der Vollwertküche gern und vielseitig eingesetzt. Alle Samen tragen als Energiereserve für das Wachstum zur neuen Pflanze einen erheblichen Fettgehalt in sich. Damit sind sie im geöffneten Zustand sehr schnell der Oxydation ausgesetzt. Geschmacklich bedeutet dies schnelles Ranzigwerden, verbunden mit mehr oder weniger Verlust an Vitalstoffen.

Aus diesem Grunde ist es ratsam, Nüsse und Ölsaaten grundsätzlich als ganze Früchte aufzubewahren und erst kurz vor der Verwendung zu knacken, zu reiben bzw. zu schroten. Dazu eignet sich für geringen Bedarf eine praktische Handraffeln. Für größere Mengen stehen elektrisch betriebene Mühlen mit Vorsatzraffeln zur Verfügung. Für eine sehr feine Konsistenz zerkleinerter Nüsse und Ölsaaten empfiehlt sich der Haushaltsmixer.

Die Sortenauswahl: Haselnüsse, Walnüsse, Mandeln, Paranüsse, Peca-Nußkerne, Pinienkerne, Pistazien, Cashew-Kerne, Edelkastanien, Erdnüsse (gehören botanisch zu den Leguminosen); dann als Ölsaaten Leinsaat, Mohn, Sonnenblumenkerne, Sesam-Samen, Kürbiskerne.

Die Mengenangaben der Rezepte gelten für 3–4 Personen.

Abkürzungen:

EL = Eßlöffel
MS = Messerspitze
Pr = Prise

Frischkorn-Gerichte

FRISCHKORNGERICHT
Grundrezept

Weizenspeise

Zutaten für 1 Person:

50	g	Weizen
100	ml	Leitungswasser
1	TL	Zitronensaft
10–12		Haselnußkerne
ca. 125	g	Obst der Jahreszeit
2	EL	Sahne

Zutaten für 3 Personen:

150	g	Weizen
300	ml	Leitungswasser
1	EL	Zitronensaft
50	g	Haselnußkerne
ca. 300	g	Obst
5–6	EL	Sahne

Zubereitung: Abends Getreide grob schroten, mit dem Wasser einweichen und 5–12 Stunden bei Zimmertemperatur stehen lassen. Morgens Zitronensaft, zerkleinertes Obst und geriebene bzw. geschnittene Nüsse zugeben. Mit süßer Sahne verfeinern.

Tipp: Die Speise kann zu jeder Tages-(und Nacht-)zeit verzehrt werden. Möglichst bald nach der Zubereitung essen, damit sie nicht braun und unansehnlich aussieht.
Überhaupt … wichtig ist es, das Frischkorngericht wohlschmeckend und appetitlich zuzubereiten, damit es zur lieben Gewohnheit wird und auch die „Vollkornkritiker" begeistert.

3 gehäufte Eßlöffel Getreide sind – je nach Löffelgröße – 50–60 Gramm

Variation: Andere Getreidesorten wie Nackthafer, Nacktgerste, Roggen, Hirse. Oder verschiedene Weizenarten wie Einkorn, Emmer, Hartweizen, Dinkel, Kamut, Weichweizen (der übliche Backweizen).

Wer „herzhaft" bevorzugt, kann das Frischkorngericht auch mit pikanten, würzigen Zutaten herstellen … also mit Kräutern, Zwiebel, Paprika, Gurke, Sauerrahm u.ä.

GETREIDESPEISE AUS KEIMLINGEN

Zutaten für 1 Person:

50 g	Getreidekörner nach Wahl
1 TL	Zitronensaft
125 g	Obst der Jahreszeit
10	Haselnußkerne
2 EL	Sahne

Vorbereitung: Wegen der unterschiedlichen Keimdauer einzelner Getreidearten ist es ratsam, lediglich eine oder zwei Sorten zum Keimen anzusetzen.
Getreide der Wahl in ein Küchensieb geben, das in eine mit kaltem Wasser gefüllte Schale gehängt wird, so daß die Körner mit Wasser bedeckt sind.
Weichgetreide wie Hafer, Dinkel, Hirse, Reis sowie Buchweizen-Ganzkorn für ca. 2 Stunden, die härteren Getreide (z. B. Hartweizen, Gerste, Roggen) für 3–4 Stunden bei Zimmertemperatur im Bad belassen. Danach das zu keimende Getreide in größeren Zeitabständen lediglich einige Male mit kaltem Wasser abbrausen. Je nach Temperatur und Jahreszeit wird der einige Millimeter lange Keimling nach etwa 24 Stunden gut erkennbar sein. In dieser Phase sind die Keimlinge bereits eßbar.

Im übrigen ist es möglich, kleine Mengen von Ölsaaten wie Sesam, Sonnenblumenkerne, Leinsaat oder Kürbiskerne vermischt mit den Getreidekörnern zum Keimen zu aktivieren.

Zubereitung: Gekeimtes Getreide mit o. g. Zutaten vermengen. Zur Abwechslung steif geschlagene Sahne unterziehen oder separat dazu reichen.

Tipp: Werden die Keimlinge nicht sofort verzehrt, sondern zwischendurch erneut mit Wasser benetzt, entwickeln sie sich weiter. Sie bilden auch rasch Wurzelhärchen aus. Dabei verliert sich der typische Getreidegeschmack.
Bei flüchtigem Betrachten sehen die Härchen wie Schimmel aus. Keine Angst! Sie sind harmlos und können mitgegessen werden.

Der Keimling sollte nicht länger als 2–3 Millimeter werden. Er verbraucht die Nährstoffe für sein eigenes Wachstum.

Der Fachhandel bietet diverse Keimgefäße an. Am praktischsten sind Boxen, die unten wie oben wasserdurchlässig sind. Sie können aber auch auf diese Geldausgabe verzichten und die Körner wie oben angegeben keimen lassen.

FRISCHKORNGERICHT MIT WEIZENFLOCKEN

Zutaten für 1 Person:

  50 g   frisch gequetschte Weizenflocken
100 ml Leitungswasser
   1 EL   Sonnenblumenkerne
3–4 EL Sommerbeeren (Erdbeeren, Himbeeren, Johannisbeeren o. ä.)
   1 MS   Vanillegewürz
   3 EL   Sahne

Zubereitung: Frische Flocken mit Wasser vermengen. Alle Zutaten vorsichtig unterheben.

Tipp: Weizen läßt sich besser flocken, wenn er vorher mit Wasser benetzt wird. Die Körner in ein Sieb geben (ggfs. Ölsaaten hinzugeben), mit kaltem Wasser abbrausen, nicht im Wasser stehen lassen. Innerhalb von 12, besser 24 Stunden dringt die geringe Wassermenge in die äußere Fruchtschale ein und macht sie geschmeidiger und damit „flockenfreudiger". Hafer dagegen läßt sich problemlos flocken. Haferflocken sollten bald verzehrt werden, weil sich durch Oxydation Bitterstoffe entwickeln können. Dadurch entstehen keine gesundheitlichen Nachteile, die Speise schmeckt aber streng und leicht bitter.

GETREIDECREME

Zutaten für 1 Person:

  1–2 EL   Vollkornmehl aus Weizen, Dinkel oder Einkorn
  1–2 EL   sehr fein geriebene Nüsse oder Mandeln
50–60 ml Leitungswasser
     1 MS   Vanillegewürz
     1 TL   Zitronensaft (kann entfallen)
     2 EL   pürierte Früchte
     2 gehäufte EL geschlagene Sahne

Zubereitung: Frisch gemahlenes Vollkornmehl mit den Nüssen oder Mandeln mischen. Wasser und Gewürze unterrühren.
Aus Früchten der Jahreszeit ein Püree herstellen. Sommerbeeren eignen sich wegen ihrer intensiven Farben und ihres guten Geschmacks besonders.
Geschlagene Sahne mit dem Fruchtpüree verbinden. Zum Schluß das Vollkornmehlgemisch einarbeiten.
Die Speise in Glasschälchen anrichten.
Mit einigen Früchten garnieren.

Vollkorn- brötchen

WEIZEN-VOLLKORNBRÖTCHEN

Grundrezept für sicheres Gelingen

Zutaten für 1 Backblech (12–16 Brötchen):

350 g	kaltes Wasser abwiegen – nicht abmessen!
10 g	Hefe
1 TL	nicht jodiertes Salz
500 g	Vollkornmehl aus Weichweizen, frisch gemahlen

Zubereitung: Hefe und Salz im Wasser gründlich auflösen. Danach das Weizenvollkornmehl auf einmal zugeben, mit *einer* Hand gründlich in die Flüssigkeit einkneten. Mit der zweiten freien Hand die Schüssel beim Kneten drehen.

Wurden alle Zutaten genau mit der Waage abgewogen, ist der Teigkloß leicht von der Schüssel zu lösen, klebt nicht und ist elastisch.

Teig gut zudecken (Pergamentpapier + Küchentuch), bei Zimmertemperatur 30 Minuten ruhen lassen.

Inzwischen den Backofen auf 250 Grad einstellen.

Auf den Boden des Backofens eine feuerfeste mit heißem Wasser gefüllte Form stellen. Das Wasser sollte möglichst kochen, wenn die Brötchen eingeschoben werden. Dampf bewirkt braune Farbe und gutes Aufgehen der Gebäcke.

Nach Ablauf der Ruhezeit den Teigkloß gründlich kneten. Er sollte geschmeidig und fast ohne Streumehl ausformbar sein. Läßt sich der Teig an den Rändern stark eindrücken, ohne zu reißen, so ist seine Beschaffenheit richtig.

Ausformen: Jetzt den Teigkloß in 4 gleiche Teile schneiden. Jedes Teil zu einer Rolle formen. Jede Rolle wiederum in 3 oder 4 Stücke schneiden = 12 bzw. 16 Brötchen.

Jedes Teilchen zu einem Brötchen rollen und mit Abstand aufs gefettete Blech legen. Teiglinge möglichst gleichmäßig formen, damit sie auch gleichmäßig backen.

Jedes Brötchen mit kaltem Wasser besprühen, das bringt Bräunung der Teighaut.

Alle Teiglinge mit einer Küchenschere ca. $1/3$ tief einschneiden, der Einschnitt bringt viel Kruste!

Backzeit: Bei 250 Grad etwa 25 Minuten.

Nach dem Backen sofort auf einen Rost legen, damit sie auskühlen und knusprig bleiben.

Tipp: Das Ausformen von Brötchen: Ein Teigling soll zwischen Arbeitsplatte und Handteller bei schneller Drehung und starkem Druck „geschleift" werden. Dadurch bildet sich an der Unterseite des Teiglings der sog. Teigschluß. Werden Rosenbrötchen gewünscht, dreht man den Teigschluß nach oben.

Geübte „Eigenbrötler" schaffen sehr bald 2 Teiglinge auf einmal.

Variation: Vollkornmehl zu je 1/3 aus Einkorn, Dinkel, Kamut.
Durch Mischung einiger Weizenarten können Gärung, Gebäckbeschaffenheit und Geschmack günstig beeinflußt werden.

Wann sind Brötchen fertig gebacken? Optisch erkennbar an ihrer goldbraunen Farbe. Die Klopfprobe: Klingen Brötchen (auch Hefe-Weizenvollkorn*brote*) von unten her hohl, so sind sie gar.

GEFÜLLTE BRÖTCHEN
ÜBERRASCHUNGSBRÖTCHEN

Zutaten für 1 Backblech mit optimaler Ausnutzung = 20 Teile:

400 g	kaltes Wasser abwiegen
10 g	Hefe
1 TL	Salz, nicht jodiert
650 g	Weizenvollkornmehl
50 g	Honig
50 g	weiche Butter
20	eingeweichte Backpflaumen ohne Stein (ungeschwefelt)

Zubereitung: Hefe, Salz und Honig im Wasser gründlich auflösen.
Das frisch gemahlene Vollkornmehl auf einmal einarbeiten. Erst zum Schluß die Butter zugeben. Den geschmeidigen Hefekloß in der Schüssel ca. 1 Stunde zugedeckt ruhen lassen.
Ausformen: Den Teig geschmeidig kneten, möglichst ohne Streumehl arbeiten. 20 gleiche Teile schneiden. Jedes Teil zunächst rund wirken, dann mit dem Handballen eine kleine längliche Teigplatte drücken. 1 Backpflaume auf die Fläche legen und, mit einer Teigkarte in der rechten Hand unterstützend, einrollen; Teigschluß nach unten. Die Teiglinge sehen wie kleine Tönnchen aus.
Teighaut mit Wasser bzw. Sahne-Wasser-Gemisch abpinseln. Alle „Tönnchen" erhalten mit einem Zackenmesser einen Längseinschnitt.
Backen: 25–30 Minuten im vorgeheizten Ofen mit Schwaden bei ca. 225 °C. Nach dem Backen sofort auf einen Rost legen.
Die „Überraschung" ist die eingehüllte Backpflaume, sie bewirkt interessanten Geschmack und längere Haltbarkeit. Besonders als Schulbrot geeignet, ohne Aufstrich mitzugeben.

Tipp: Fetthaltige Zutaten sind für das Aufgehen des Hefeteigs ausgesprochene Bremser. Größere Fettmengen (auch Nüsse, Mandeln, Sonnenblumenkerne) darum erst nach der Teigruhezeit einarbeiten oder längere Stehzeiten einplanen.

APFELBRÖTCHEN

Zutaten für 1 Backblech (16 Stücke):

300 g	kaltes Wasser abwiegen
10 g	Hefe
½ TL	Salz, nicht jodiert
50 g	Honig
30 g	weiche Butter
50 g	Mandeln (fein gerieben)
¼ TL	Vanillegewürz
	abgeriebene ½ Zitrone (unbehandelt)
500 g	Weizenvollkornmehl
4	säuerliche Äpfel; Zimt

Zubereitung: Hefe, Salz, Honig sowie die Gewürze in Wasser gründlich auflösen. Das frisch gemahlene Vollkornmehl auf einmal einarbeiten, zum Schluß folgen die weiche Butter und fein geriebene Mandeln. Den geschmeidigen Hefekloß in der Schüssel ca. 1 Stunde gut zugedeckt ruhen lassen.
Die 4 Äpfel (ausnahmsweise) schälen, vom Kernhaus befreien, vierteln und mehrfach einschneiden, mit etwas Zitronensaft beträufeln, damit die Stücke hell bleiben.
Ausformen: Von dem geschmeidig gekneteten Teig 16 gleiche Teile schneiden. Jedes Teil zunächst rund wirken, in die Mitte ein Apfelstück mit den Einschnitten nach oben drücken – den Rand u. U. hochziehen, mit Zimt bestreuen. Teiglinge mit Abstand auf ein gefettetes Blech setzen, mit Wasser oder Sahne-Wasser-Gemisch abpinseln.
Backen: 25–30 Minuten im vorgeheizten Ofen mit Schwaden bei ca. 225 °C. Nach dem Backen sofort auf einen Rost legen.

Tipp: Die Backtemperatur ist bei fetthaltigen Teigen (aus Butter, Sahne, Nüssen, Mandeln usw.) etwas geringer, weil keine so starke Kruste ausgebacken wird wie bei reinen Wasserteigen.

ANISBRÖTCHEN – RINGBRÖTCHEN

Zutaten für 1 Backblech (16 Stücke):

300 g	kaltes Wasser abwiegen
10 g	Hefe
½ TL	Salz, nicht jodiert
1 EL	Anispulver
50 g	Honig
500 g	Weizenvollkornmehl oder Dinkelvollkornmehl
50 g	weiche Butter
	etwas Anissamen zum Bestreuen

Zubereitung: Hefe, Salz, Honig sowie Anispulver in Wasser gründlich auflösen. Das frisch gemahlene Vollkornmehl auf einmal einarbeiten. Erst zum Schluß die Butter einkneten.
Den geschmeidigen Hefekloß in der Schüssel ca. 1 Stunde gut zugedeckt ruhen lassen.
Ausformen: Den Teig in 16 gleiche Teile schneiden. Jedes Teil zunächst rund wirken. Mit dem Zeigefinger ein Loch in die Mitte des noch auf der Arbeitsplatte liegenden Teiglings bohren. Den Teigling mit dem Zeigefinger hochheben, den anderen Zeigefinger einführen und den Teigling solange um die beiden Finger kreisen lassen, bis eine markstückgroße Öffnung und damit ein Ring entstanden ist. Alle Teile mit Wasser bzw. Sahne-Wasser-Gemisch abpinseln, mit etwas Anissamen bestreuen.
Backen: 25–30 Minuten im vorgeheizten Ofen mit Schwaden bei 225 °C. Nach dem Backen sofort auf einen Rost legen.
Variation: Anstelle von Anis kann Zimt als Gewürz gewählt werden.

Tipp: Dieses Gebäck kann man sehr gut zusammen mit Kindern herstellen. Es ist erstaunlich, mit welcher Begeisterung sie bei der Sache sind und phantasievoll mitgestalten.

KUCHENBRÖTCHEN

Zutaten für 1 Backblech (16–20 Teile):

200 g	kaltes Wasser abwiegen
10 g	Hefe
$1/2$ TL	Salz, nicht jodiert
75 g	Korinthen
500 g	Weizenvollkornmehl
100 g	weiche Butter
75 g	fein geriebene Mandeln oder Nüsse
75 g	Honig
$1/2$ TL	Vanillegewürz
	Saft und abgeriebene Schale $1/2$ Zitrone oder Orange (unbehandelt)

Zubereitung:
1. Teigstufe: Hefe, Salz und Korinthen im Wasser gründlich vermengen.
300 g Vollkornmehl einkneten. Den Hefekloß in der Schüssel $1/2$ Stunde gut zugedeckt ruhen lassen.
2. Teigstufe: In einer separaten Schüssel Honig und Butter cremig rühren.
Gewürze, fein geriebene Mandeln zugeben, alles gut vermengen.
Diese Masse in den 1. Teigansatz gründlich einkneten, restliches Vollkornmehl (200 g) zugeben und einen geschmeidigen Teig kneten.
2. Teigruhezeit – gut zugedeckt in der Schüssel – ca. 30 Minuten.
Ausformen: Danach von diesem Teig 16 gleiche Teile schneiden. Jedes Teil rund wirken, mit Teigschluß nach unten aufs gefettete Blech setzen. Mit kaltem Wasser absprühen

oder mit Sahne abpinseln und sie anschließend mit dem Apfelteiler eindrücken. Das macht ein edles Muster!
Backen: 25–30 Minuten im vorgeheizten Ofen mit Schwaden bei 225 °C.
Nach dem Backen auf einem Rost auskühlen lassen.
Dieses Gebäck hält sich einige Tage frisch.

Tipp: Brötchen auf Vorrat backen! Lediglich 15–17 Minuten backen lassen, dann sind die Brötchen gar, jedoch noch sehr weich. Möglichst heiß (ausnahmsweise, damit die Feuchtigkeit erhalten bleibt) in kleiner Stückzahl einfrieren. Bei Bedarf aus dem Frost sofort in den vorgeheizten Ofen geben (wieder mit Schwaden), ca. 10 Minuten ausbacken.

SESAM-SAHNE-HÖRNCHEN

Zutaten für 1 Backblech (12 Teile):

350 g	Flüssigkeit abwiegen ($\frac{1}{2}$ Anteil Sahne, $\frac{1}{2}$ Anteil Wasser)
10 g	Hefe
$\frac{1}{2}$ TL	Salz, nicht jodiert
1 EL	Honig
1 EL	weiche Butter
500 g	Weizenvollkornmehl
2 EL	Sesam-Samen (geschält)

Zubereitung: Hefe, Salz und Honig in der Flüssigkeit gründlich auflösen.
Das frisch gemahlene Vollkornmehl auf einmal einarbeiten. Erst zum Schluß den Klecks Butter unterkneten. Den geschmeidigen – etwas weichen – Teig in der Schüssel ca. 1 Stunde gut zugedeckt ruhen lassen.
Ausformen: Den Teig noch einmal gründlich kneten, 12 gleiche Teile schneiden. Jedes Teil zunächst rund wirken, danach etwa 15 cm lange Stränge rollen, die in der Mitte etwas stärker sind und an den Enden leicht spitz auslaufen. Die Stränge jeweils hufeisenförmig zusammenführen. Die Teiglinge vorsichtig aufs gefettete Blech legen, mit Sahne abpinseln, mit Sesam-Samen dicht bestreuen.
Die Anordnung auf dem Blech ist am günstigsten in 3 Reihen mit je 4 Teiglingen.
Backen: Ca. 25–30 Min. im vorgeheizten Ofen mit Schwaden bei 200 °C.
Nach dem Backen sofort auf einen Rost legen.
Bestens geeignet als Frühstücks-Hörnchen.

Tipp: Wer Sesam nicht mag, kann Mandelsplitter bzw. Kokosraspeln wählen (= Mandel-Sahne-Hörnchen oder Kokos-Sahne-Hörnchen!)

TÜRKISCHE FLADEN

Zutaten für 1 Backblech (12 Teile):

350 g		kaltes Wasser abwiegen
10 g		Hefe
10 g		Salz, nicht jodiert
450 g		Weizenvollkornmehl
50 g		Polenta Feinstufe
2	EL	Sesam-Samen (geschält)
je 2	MS	Pfeffer, Paprikapulver; Schnittlauchröllchen

Zubereitung: Hefe und Salz im Wasser gründlich auflösen.
Das frisch gemahlene Vollkornmehl zusammen mit dem Maisgrieß und Gewürzen auf einmal einarbeiten. Den geschmeidgen Teigkloß 30–40 Minuten gut zugedeckt in der Schüssel ruhen lassen.
Ausformen: Den Teig noch einmal gründlich kneten, 12 gleiche Stücke teilen. Jedes Teil zunächst rund wie Brötchen wirken, dann jedoch dünn zu einem runden Fladen flachdrücken. Die Teiglinge in Reihen 3 × 4 aufs gefettete Blech legen – es schadet kaum, wenn sie infolge Platzmangel aneinander backen. Die Oberflächen mit einer Teigkarte rautenförmig einkerben. Mit Sahne abpinseln und Sesam-Samen aufstreuen.
Backen: Etwa 20–25 Minuten im vorgeheizten Ofen mit Schwaden bei 225 °C gut braun backen lassen. Die Gebäcke können sofort warm serviert werden.

PFEFFERBRÖTCHEN – DOPPELBRÖTCHEN

Zutaten für 1 Backblech (12 Teile):

450 g		kaltes Wasser abwiegen
10 g		Hefe
10 g		Salz, nicht jodiert
500 g		Weizenvollkornmehl ⎫ mischen
150 g		Roggenvollkornmehl ⎭
50 g		Zwiebelbutter (s. Rezept Seite 55)
2	EL	grüne Pfefferkörner
		etwas Streumehl

Zubereitung:
1. Teigstufe: Hefe und Salz in 250 g Wasser gründlich auflösen. 350 g von dem Vollkornmehlgemisch einarbeiten. Den Teig in der Schüssel gut zugedeckt ca. 30–40 Minuten Ruhezeit geben.
2. Teigstufe: In den Teigansatz die restlichen 200 g Wasser, Salz, Zwiebelbutter und Pfefferkörner einarbeiten. Mit den restlichen 300 g Vollkornmehl einen geschmeidigen Teig bereiten.
2. Teigruhezeit in der Schüssel: 30–40 Minuten.
Durch den Roggenanteil zeigt sich der Teig etwas klebrig.

Ausformen: Den Teigkloß noch einmal gründlich kneten, u. U. muß etwas Streumehl genommen werden. 24 gleiche Stücke teilen, sie zunächst rund wirken, 2 Teile aufeinander legen, schnell zu einer Rolle formen, nicht exakt, eher unordentlich. So entstehen 12 Doppelbrötchen in Kleinbaguetteform.
Letzte Teigruhezeit: Ca. 10 Minuten auf dem Blech.
Vor dem Backen Oberhaut mehrmals einritzen, mehlig belassen.
Backen: Ca. 25–30 Minuten im vorgeheizten Ofen mit Schwaden bei 250 °C.
Sofort verzehrbar.

UNORDENTLICHE GEMÜSEBRÖTCHEN

Zutaten für 1 Backblech (16 Teile):

330 g	kaltes Wasser abwiegen
10 g	Hefe
10 g	Salz, nicht jodiert
je 2 MS	Paprika- und Kümmelpulver, je 1 MS Thymian, Salbei
500 g	Weizenvollkornmehl, davon 100 g Hartweizen
50 g	weiche Butter
1	kleine Paprikaschote
½	Apfel
½	Stange Lauch
	Frühlingszwiebeln oder 1 Zwiebel
2 EL	frische gehackte Kräuter der Jahreszeit

Zubereitung:
1. Teigstufe: Hefe, Salz und Gewürze in Wasser gründlich auflösen.
400 g Vollkornmehl einkneten. Der Teig wird bewußt zunächst weich geführt. Gut zugedeckt ca. 30–40 Minuten ruhen lassen.
2. Teigstufe: Nach der Ruhezeit die weiche Butter, die gehackten Kräuter und die sehr fein geschnittenen Gemüse zugeben, gründlich in den Vorteig einarbeiten.
Zum Schluß die restlichen 100 g Vollkornmehl einkneten.
Möglichst bis zum Ausformen in der Schüssel arbeiten, damit kein Streumehl genommen wird. 2. Teigruhe in der Schüssel ca. 30 Minuten.
Ausformen: Den Teig in der Schüssel gründlich kneten. Mit nassen Händen 16 möglichst gleiche Teile abtrennen, recht „unordentlich", also ohne zu formen oder zu schleifen, die Teiglinge aufs Blech legen. Zum Schluß mit Wasser oder Sahne abstreichen. Letzte Teigruhe: 10 Minuten.
Backen: Ca. 25–30 Minuten im vorgeheizten Ofen mit Schwaden bei 225 °C; braun backen lassen.
Sofort verzehrbares Gebäck, gut geeignet für abendliche Bewirtung.

BUTTER-HÖRNCHEN

Hefe-Plunder bzw. „Splittergebäck"

Zutaten für 1 Backblech (12 oder 16 Teile):

175 g	kaltes Wasser
10 g	Hefe
¼ TL	Salz, nicht jodiert
500 g	Weizenvollkornmehl oder Gemisch aus Dinkel und Kamut
	abgeriebene Schale und Saft von 1 Zitrone, unbehandelt
75 g	Honig
250 g	Butter

Zubereitung:
1. Teigstufe: Hefe und Salz in Wasser gründlich auflösen. 250 g Vollkornmehl einkneten. Den Teig gut zugedeckt ca. 30–40 Minuten ruhen lassen.
2. Teigstufe: Aus Honig, Butter und Gewürzen eine cremige Masse herstellen. Nach der Ruhezeit in den Vorteig einarbeiten. Das restliche Vollkornmehl zugeben, zu einem geschmeidigen, ausrollfähigen Teig verarbeiten; u. U. mit etwas Streumehl korrigieren. 2. Teigruhe in der Schüssel ca. 1 Stunde gut zugedeckt.
Ausformen: Den Teig gründlich kneten, er sollte ohne Streumehl zu bearbeiten sein. 2 gleiche Stücke teilen, jeweils zu einer Platte von etwa 20 × 40 cm ausrollen. Mit einem Kuchenrad Dreiecke ausradeln: einfach das Kuchenrad schräg hinauf- und herunterführen. Möglichst 2 × 6 bzw. 2 × 8 Dreiecke ausradeln. Die Dreiecke von der breiten Seite zur Spitze lose aufrollen, leicht zur Hörnchenform biegen, aufs gefettete Blech legen.
Letzte Teigruhezeit: Ca. 15–20 Minuten auf dem Blech – zugedeckt!
Backen: 20–25 Minuten im vorgeheizten Ofen mit Schwaden bei 225 °C.

Tipp: Tier-eiweißfreie Vollwertkost verzichtet u. a. auf Quark, darum kann Hefe-Plunder-Gebäck an die Stelle von Quarkblätterteig treten. Selbstverständlich könnten die Teig-Dreiecke mit Füllung gebacken werden.

Sesam-Sahne-Hörnchen, s. S. 32

FRÜHSTÜCKSKUCHEN

Zutaten:

- 50 g   Honig
- 50 g   Butter
- 100 g   Sauerrahm
- 3 EL   Korinthen
- 1 TL   Zitronensaft oder ¼ TL Zimtpulver
- 150 g   Kamut-Vollkornmehl
- 3 MS   Backpulver

Zubereitung: Honig, Butter, Sauerrahm cremig rühren; Korinthen und Gewürz zugeben. Backpulver unter das Vollkornmehl mischen und gründlich in die Crememischung einarbeiten. 6 oder mehr Teile schneiden, mit nassen Händen in die Förmchen geben, glätten.
Backen: 15–20 Minuten bei 175 °C im vorgeheizten Ofen. Das Gebäck kann warm und kalt verzehrt werden.
Variation: Apfelstücke in den Teig drücken.

VOLLKORNBROTE

FLADENBROT – EINE ART KNÄCKEBROT

Zutaten für 1 Backblech:

100 g		Wasser abwiegen
½ TL		Salz, nicht jodiert
2 geh. EL		Sesamsamen
200 g		Dinkel-Vollkornmehl
75 g		Butter

Zubereitung: Wasser, Salz und Sesam in einer Schüssel mischen, frisch gemahlenes Dinkel-Vollkornmehl einkneten. Zum Schluß weiche Butter zugeben. Das Ziel ist ein geschmeidiger Teig, der an den Rändern auf Druck nicht bricht. Evtl. mit etwas mehr Flüssigkeit oder umgekehrt mit etwas mehr Mehl die Konsistenz korrigieren.
Den Teig kurze Zeit kneten, bis er sich an der Oberfläche glänzend zeigt.
Ausformen: 4 etwa gleichgroße Teile schneiden, zuerst rund wirken, dann mit dem Handballen in eine platte längliche Form drücken. Die 4 „Teigzungen" einigermaßen gleichmäßig auf das gefettete Backblech verteilen.
Mit einem kleinen Teigroller den Teig *gleichmäßig* über die gesamte Backfläche ausdünnen. Je dünner, um so knuspriger wird das Gebäck.
Die Teigplatte an vielen Stellen mit einer Gabel einstechen.
Die gewünschte Gebäckgröße dann mit einem Kuchenrad perforieren. So lassen sich nach dem Backen leicht gleich große Teile abbrechen.
Backen: 15–20 Minuten bei 175 °C auf der 2. Schiene von oben, vorgeheizt.
Sofern der Ofen ungleich backt, sollte das Blech nach der halben Backzeit gewendet werden.
Das Gebäck ist nach dem Backen sofort verzehrbar, andererseits in einer Keksdose auch gut lagerfähig.

HEFE-GEWÜRZFLADEN

Zutaten für 1 Backblech:

125 g	Wasser abwiegen
10 g	Hefe
½ TL	Salz, nicht jodiert
je 2 MS	Kümmelpulver und Thymian
75 g	Sauerrahm
3 EL	Sonnenblumenöl
250 g	Weizenvollkornmehl*
1	große Zwiebel (feingeschnitten)
2 EL	feingehackte Kräuter (z. B. Schnittlauch, Petersilie, Estragon oder Basilikum)
100 g	grob geriebene Mandeln

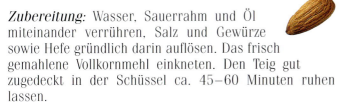

Zubereitung: Wasser, Sauerrahm und Öl miteinander verrühren, Salz und Gewürze sowie Hefe gründlich darin auflösen. Das frisch gemahlene Vollkornmehl einkneten. Den Teig gut zugedeckt in der Schüssel ca. 45–60 Minuten ruhen lassen.
Anschließend die zerkleinerte Zwiebel, die gehackten Kräuter und grob geriebenen Mandeln einarbeiten.
Ausformen: Den Teig auf ein gefettetes Backblech gleichmäßig verteilen. Dies gelingt am leichtesten mit einer Hand (= Drücken und Schieben des Teiges). Eine ungleiche Teigverteilung bringt automatisch ein ungleichmäßiges Backergebnis: hier noch sehr hell, u. U. nicht gar, dort bereits dunkelbraune, verbrannte Teile. Mit einem Kuchenrad bzw. Messer rautenförmige Einteilung radeln bzw. schneiden, damit nach dem Backen gewünschte kleine Fladen abzutrennen sind.
Backen: Das Blech in den kalten Ofen – 2. Schiene von oben – geben, bei 200 °C etwa 15–20 Minuten backen lassen. Das Gebäck kann warm serviert werden. Es paßt als pikante Knabberei zu Getränken genauso wie als Beilage zu Suppe und/oder Gemüsefrischkost.

* oder ½ Dinkel- ½ Kamutvollkornmehl

WEIZENVOLLKORNBROT MIT HEFE

Grundrezept: Lange Teigführung im Anfrischverfahren

Zutaten für 1 Backblech
(= 2 Brote à 750 g oder 1 Brot à 1200 g + 4–6 Brötchen):

- 700 g Leitungswasser abwiegen
- 10 g Hefe
- 15 g Salz, nicht jodiert
- 1000 g Vollkornmehl aus Weichweizen oder Gemisch Einkorn – Dinkel

1. Teigstufe: In einer Schüssel Hefe im Wasser auflösen. 300 g Vollkornmehl einrühren, eine Schicht Vollkornmehl überstreuen. Den Teig mit Pergamentpapier bzw. Folie und Küchentuch gut zudecken, bei Zimmertemperatur etwa 45 Minuten ruhen lassen.

2. Teigstufe: Die aufgestreute Mehlschicht zeigt sich aufgerissen, der Teig gärig. Mit einem Holzlöffel kurz kräftig rühren. Weitere 300 g Vollkornmehl einarbeiten und wieder eine Mehlschicht auf die Teigoberfläche streuen. Die Schüssel gut zudecken und erneut 45 Minuten Teigruhe planen.

3. Teigstufe (Hauptteig): Den vermehrten Vorteig kräftig rühren, das Salz zugeben und das restliche Mehl einarbeiten. Von nun an sollte per Hand geknetet werden, zunächst noch in der Schüssel, zum Ausformen dann auf der bemehlten Arbeitsplatte. Dritte Teigruhe in der Schüssel ca. 30 Minuten.

Wurden die Zutaten genau abgewogen, so ergibt sich ein geschmeidiger Teig, der fürs Ausformen kaum Streumehl erfordert. In dieser Phase sollte der Teigkloß einige Minuten kräftig bearbeitet werden. Dabei die Teigmasse von unten nach oben und gleichzeitig von außen nach innen drücken. So wird die Teighaut gespannt und trainiert. Sofern der Teig auf Druck am Rand nicht bricht, hat er die gewünschte Konsistenz.

Brote formen: Teigmenge halbieren, jedes Teil ein letztes Mal kurz kneten, dann von rund zu länglich wirken, mit den Knetfalten nach unten auf ein gefettetes Backblech oder mit den Knetfalten nach oben in ein sog. Brotkörbchen legen; letzte Stückgare gut zugedeckt etwa 15 Minuten.

Backofen auf 250°C vorheizen. 2 kleine feuerfeste Becher mit heißem Wasser füllen und hinten in den Backofen stellen. Sobald die Backtemperatur erreicht ist und das Wasser in den Gefäßen kocht, kann „eingeschossen" werden, d.h. die Teiglinge aus dem Körbchen vorsichtig auf das Backblech kippen, mit einem kräftigen Längsschnitt versehen in den Ofen geben.

Backen: Bei voller Hitze und kräftigen Schwaden 25–30 Minuten. Danach können die Wassertöpfe herausgenommen und die Temperatur zum Ausbacken auf 200°C reduziert werden. Die gesamte Backzeit beträgt je nach Größe der Brote 50–60 Minuten, oder auch mehr. Nach dem Backen die Brote sofort auf einen Rost legen. Nach dem Auskühlen ist das Anschneiden möglich.

Wenn gleichzeitig Brötchen gewünscht werden: Beim Ausformen ungefähr 400 g Teig absondern, daraus 4–6 Brötchen rollen. Sie finden seitlich auf dem Backblech Platz, wenn nur 1 Brot gewünscht wird.

Die Brötchen backen die ersten 25–30 Minuten mit Schwadenwirkung, dann sind sie braun und knusprig und können mit den Wassertöpfchen herausgenommen werden.

Variation: Rosinenbrot durch Zugabe von 250 g Weinbeeren in die 1. Teigstufe.

Tipps & Kniffe – speziell fürs Brotbacken

Das Grundrezept S.40 eignet sich hervorragend für „freigeschobene" Brote, d.h. ohne Backformen gebacken. Ergebnis: Gebäcke mit rundherum ausgebackener Kruste. Das bringt viel Geschmack und längere Haltbarkeit.

Lange Teigführung: Die sogenannte lange Teigführung ist zugleich eine kalte Teigführung. Das kalte Leitungswasser mit dem mühlenwarmen Vollkornmehl ergibt eine Teigtemperatur von 22–26°C, also das ideale Wachstumsmilieu für Hefekulturen und andere Kleinorganismen im Teig. Für ein optimales Backergebnis, sprich gutes Aussehen, angenehmer Geschmack, gelockerte Krume, zuverlässige Schneidfähigkeit (kein Krümeln) und Frischhaltung, benötigen die Mikroorganismen im Gärteig neben ihrem „Futter" ausreichende Feuchtigkeit, die richtige Temperatur – vor allem aber *Zeit fürs Wachsen und Reifen*. Stimmen diese Voraussetzungen, so ist unser Zutun dabei nur ganz wenig gefragt. Die langen Ruhezeiten der Teige sollten uns nicht abschrecken. Die gute Qualität der Gebäcke ist ganz sicher der Lohn für den geringen Mehraufwand.

„Selbstbedienungsverfahren" heißt, nach jeder Anfrischstufe auf die Teigoberfläche eine Mehlschicht überzustreuen. Diese Mehlschicht lässt unsere „Mitarbeiter im Teig" nicht verhungern oder gar absterben, was ein anderes nicht erwünschtes Teigmilieu bedeuten könnte. So kann der Teig, wenn es erforderlich wird, zwischen den Anfrischstufen unbeschadet bis zu 2 Stunden allein gelassen werden.

Abwiegen statt abmessen: Sobald Sie Übung in der Teigführung haben und die Vorgehensweise durchschauen, könnten Sie variabel mit der Aufteilung der Mehlmengen umgehen. Wichtig ist, daß die Gesamtmengen von Mehl und Flüssigkeit stimmen – und sie sollten genau *abgewogen* werden, denn Messbecher sind ungenau.

Brotkörbchen: Fortgeschrittene „Eigenbrötler" besitzen sogenannte Brotkörbchen, auch Gärkörbchen genannt. Darin ruht der Teigling während der letzten Teigruhe. Es gibt sie in länglicher und runder Form für unterschiedliche Größen; auch Baguette-Körbchen sind im Angebot der Naturkostfachgeschäfte und auch über den emu-Vertrieb zu beziehen.

Zum Backen wird der Teigling entweder vorsichtig aufs gefettete Blech gekippt oder direkt auf die heiße Steinplatte bzw. Stahlplatte bei Speicheröfen. Die Gärkörbchen sollten gründlich mit einer trennenden Mehlschicht ausgestreut werden, damit der Brotteig darin nicht kleben bleibt. Kartoffel- oder Stärkemehl haften besser als Vollkornmehl in den Körbchen. Andererseits brennen sie nicht im Ofen und lassen sich problemlos von dem fertigen Gebäck abbürsten; es wird also kein Gramm davon mitverzehrt.

Schwaden im Backofen: Dampfentwicklung (= Schwaden) im Backraum bewirkt ein besseres Aufgehen der Gebäcke, fördert die Bräunung und verhindert, daß die Teighaut besonders bei Brötchen bretthart wird. Vor dem „Einschießen" (= in den Ofen schieben) der Gebäcke sollte das Wasser in den kleinen feuerfesten Bechern kochen.

Im Umluftofen kann die Fettpfanne mit heißem Wasser gefüllt werden. Wenn das Wasser vielleicht auch nicht zum Kochen kommt, so wird doch eine große Verdunstungsfläche geschaffen, die dem trockenen Milieu entgegenwirkt. Backöfen mit Strahlungshitze (Ober- und Unterhitze) sind fürs Brotbacken überlegen.

Einschneiden der Gebäcke: Der Einschnitt mit einem Zackenmesser in die Teighaut kurz vor dem Einschießen der Teiglinge bewirkt, dass sich mehr Kruste bilden kann. Außerdem werden unwillkürliche Teigaufrisse beim Anbacken vermieden, die später das Schneiden des Brotes beeinträchtigen. Brötchen lassen sich im übrigen sehr rasch mit einer Küchenschere einschneiden.

Brotausbeute: Die Brotausbeute ist leicht zu errechnen. Es ergibt sich ein Verhältnis von 1:1,5, d.h. 1000 g Mehl ergeben mit Flüssigkeit abzüglich der Backverluste ungefähr immer 1500 g Brot. Zutaten wie Nüsse, Mandeln, Rosinen und reichlich Butter müssen hinzugerechnet werden.

Brotlagerung: Ausgekühlte Gebäcke einzeln in eine saubere Leinen/Halbleinen-Serviette bzw. ein Küchentuch hüllen, zusätzlich in eine dicke Papiertüte geben, kühl und trocken lagern.

Brote geben langsam aber ständig Feuchtigkeit von innen nach außen ab. Diese Feuchtigkeit sollte sich möglichst nicht an einer undurchlässigen Umhüllung niederschlagen. Das Ergebnis wäre eine rasch weich werdende Kruste, und außerdem ist die Schimmelgefahr erhöht. In der Form gebackene Brote lagern sich nach dem Auskühlen sehr gut in der gründlich gesäuberten Backform mit Deckel. Ein behelfsmäßiger Deckel für die Backform lässt sich auch aus Alufolie formen. Beim Backen schirmt der Deckel die ungleich wirkende Oberhitze im Herd ab. Damit werden „Brotfehler" vermieden. Für jede Art der Brotaufbewahrung zur Vermeidung von Schimmelbildung stets auf peinliche Sauberkeit achten!

Einfrieren von Gebäcken: Brötchen lassen sich problemlos tiefgefroren aufbewahren. Es empfiehlt sich, sie lediglich gar backen zu lassen (ca. 15 Minuten), im warmen, noch feuchten Zustand in den Frost zu geben und bei Bedarf die restliche Zeit (10–15 Minuten) bei Schwadeneinwirkung kroß zu backen. Hefe-Brote aus einer Weizenart so frisch wie möglich einfrieren. Brote werden nach dem Auftauen rascher trocken. Roggen-Sauerteig-Brote sind nicht gut zum Einfrieren geeignet, jedenfalls nicht kurz nach dem Backen. Im Frostzustand können sie keinen Reifungsprozess durchlaufen. Werden sie aufgetaut, haben sie viel Geschmack eingebüßt.

VOLLKORN-BAGUETTES

Zutaten für 1 Backblech (= 2 Baguettes à 500 g):

- 450 g kaltes Wasser abwiegen
- 10 g Hefe
- 10 g Salz, nicht jodiert
- 50 g Roggenvollkornmehl
- 600 g Weizenvollkornmehl
- 50 g weiche Butter

Zubereitung:

1. Teigstufe: Hefe und Salz im Wasser gründlich auflösen. Die halbe Menge Vollkornmehl (325 g) einkneten. Der Teig ist relativ weich. 1. Teigruhe in der Schüssel, gut zugedeckt, 30–40 Minuten.

2. Teigstufe: In den Vorteig die Butter sowie das restliche Mehl einkneten. Einen geschmeidigen Teig arbeiten. Durch den Roggenanteil wird er etwas klebrig. 2. Teigruhe in der Schüssel, gut zugedeckt, 30–40 Minuten.

Ausformen: Den Teig halbieren, 2 Stränge von Backblechlänge formen, mit Knetfalten nach unten aufs gefettete Blech legen. 3. Teigruhe auf dem Blech, gut zugedeckt, 12–15 Minuten. Dann die Teiglinge mit Wasser besprühen oder mit Sahne abstreichen.
Die Teighaut mehrmals quer mit einem Zackenmesser einritzen.

Backen: 30–35 Minuten im vorgeheizten Ofen mit Schwaden bei 250 °C.

Variation:

MAIS-BAGUETTES

Zutaten:

- 450 g kaltes Wasser abwiegen
- 10 g Hefe
- 10 g Salz, nicht jodiert
- 550 g Weizenvollkornmehl
- 100 g Polenta Feinstufe
- 50 g weiche Butter

Arbeitsweise wie bei Vollkorn-Baguettes auf Seite 42 beschrieben.

KÜRBISBROT

Zutaten für 1 Backblech (= 2 Brote à 900 g):

- 450 g kaltes Wasser abwiegen
- 10 g Hefe
- 10 g Salz, nicht jodiert
- 1000 g Weizenvollkornmehl, frisch gemahlen
- 500 g roher Kürbis, grob geraffelt (entspricht ca. 650 g ungeschälter Ware)
- 30 g Honig
- 150 g Weinbeeren
- 100 g fein geriebene Mandeln
- ¼ TL Nelkenpulver
- 2 MS Ingwerpulver und Zimt
-        Saft und abgeriebene Schale 1 Zitrone, unbehandelt

Zubereitung:
1. Teigstufe: Hefe und Salz in Wasser auflösen. 500 g Mehl einkneten. Teigruhe, gut zugedeckt, 45 Minuten.
2. Teigstufe: In den gärigen Teig nun alle Gewürze, Rosinen, Mandeln sowie den Kürbis gründlich einarbeiten. Restliches Mehl zugeben, zu einem geschmeidigen Teig verarbeiten. Teigruhe, gut zugedeckt, 45 Minuten.
Ausformen: Teig gründlich durchkneten, 2 gleichgroße Laibe formen, mit reichlich Abstand auf das gefettete Blech legen. Teigruhe, gut zugedeckt, ca. 15 Minuten.
Vor dem Backen die Teiglinge mit einem Zackenmesser vorsichtig längs einritzen.
Backen: Im vorgeheizten Ofen zuerst mit Schwaden bei 250 °C 25 Minuten, dann ohne Schwaden bei 200 °C ca. 30 Minuten ausbacken.
Brote nach dem Backen sofort auf einen Rost legen, damit die Kruste nicht wieder weich wird.

FRÜHSTÜCKSZOPF

Zutaten für 1 Backblech
= 1 großer Schmuckzopf:

- 550 g Flüssigkeit abwiegen, davon 200 g Sahne, 350 g Wasser
- 10 g Hefe
- 10 g Salz, nicht jodiert
- 150 g Weinbeeren
- 100 g Honig
- 100 g weiche Butter
- 1000 g Weizenvollkornmehl
  abgeriebene Schale und Saft von 1 Zitrone, unbehandelt

Zubereitung:
1. Teigstufe: Hefe, Salz und Weinbeeren in die Flüssigkeit geben und gut vermengen. 500 g Vollkornmehl einkneten. 1. Teigruhe, gut zugedeckt, 30–40 Minuten.
2. Teigstufe: In den lebhaft gärenden Teig Honig, Butter und Zitronengewürz einrühren. Danach das restliche Vollkornmehl (500 g) einkneten. Der Teig soll geschmeidig und gut formbar sein. 2. Teigruhe, gut zugedeckt, 60 Minuten.

Ausformen: Den Teig insgesamt gründlich kneten, dann 3 gleichlange Stränge von 40–45 cm rollen und daraus einen Zopf flechten. Am besten von der Mitte aus mit dem Flechten beginnen.
Zopf aufs gefettete Blech legen. Teigruhe, gut zugedeckt, 15–20 Minuten.
Vor dem Backen Teigling mit Sahne abstreichen.
Backen: Im vorgeheizten Ofen mit wenig Schwaden bei 225 °C ca. 20 Minuten anbacken. Danach ohne Schwaden bei 200 °C 30–45 Minuten ausbacken.
Die letzten 10 Minuten Gebäck mit Pergamentpapier abdecken.
Nach dem Backen sofort auf einen Rost legen, erkalten lassen. Kann dann angeschnitten werden.

SONNTAGSBROT
– in Kastenform gebacken –

Zutaten für 2 Brote à 800 g:

- 500 g Wasser abwiegen
- 200 g Sahne
- 10 g Hefe
- 150 g Weinbeeren
- 10 g Salz, nicht jodiert
- 1000 g Weizenvollkornmehl, frisch gemahlen
- 50 g Honig
- 75 g weiche Butter

Zubereitung:
1. Teigstufe: Hefe in Flüssigkeit auflösen, Weinbeeren zugeben, 500 g Mehl einkneten.
1. Teigruhe, gut zugedeckt, ca. 45 Minuten.
2. Teigstufe: Salz, Honig und Butter zum Vorteig geben. Mit den restlichen 500 g Mehl zu einem geschmeidigen Hefeteig kneten. 2. Teigruhe, gut zugedeckt, 45 Minuten.
Ausformen: Teig nochmals gründlich kneten, 2 gleiche Teile schneiden. Jede Hälfte zu einem dicken Strang, entsprechend der Länge der Kastenform, rollen. Die Teiglinge mit dem Teigschluß nach unten in die ausgebutterten, mit Semmelmehl ausgestreuten Kastenformen legen. Letzte Teigruhe, gut abgedeckt, 30 Minuten.
Teiglinge vor dem Backen mit Sahne bestreichen.
Backen: Im vorgeheizten Ofen bei 225°C ca. 25 Minuten anbacken, danach bei 200°C ca. 45 Minuten ausbacken lassen.
Anschneiden möglichst erst nach Stunden bzw. am nächsten Tag.

Tipp: Bei Brotbackformen mit Deckel werden „Brotfehler" vermieden, z.B. Risse im Brotinneren, die durch zu starke Oberhitze entstehen können.
Falls kein Deckel vorhanden, kann ersatzweise mit Backpapier abgedeckt werden.

BUTTER-ZWIEBACK

Zutaten für 1 Backblech:

225 g	Flüssigkeit (= 75 g Sahne, 150 g Wasser)
10 g	Hefe
¼ TL	Salz, nicht jodiert
2 EL	Zitronensaft
500 g	Weizenvollkornmehl (davon 250 g Hartweizenanteil)
60 g	Honig
100 g	Butter

Zubereitung:
1. Teigstufe: Hefe und Salz in Wasser gründlich auflösen. 300 g Vollkornmehl einkneten. 1. Teigruhe, gut zugedeckt, ca. 45 Minuten.
2. Teigstufe: Honig und Butter cremig rühren. Zitronensaft zugeben. Diese Masse dem Teigansatz zufügen. Restliches Vollkornmehl gründlich einarbeiten, bis der Teig elastisch ist. 2. Teigruhe, gut zugedeckt, ca. 45 Minuten.

Ausformen: Den Gesamtteig gründlich durchkneten, 3 rechteckige Teigstränge von etwa 5 cm Durchmesser formen, auf ein gefettetes Blech legen, Knetfalten nach unten. Teiglinge leicht niederdrücken. Letzte Teigruhe auf dem Blech 25–30 Minuten. Vor dem Backen gründlich mit Sahne abstreichen.
1. Backen: Im vorgeheizten Ofen mit Schwaden bei 225 °C etwa 25 Minuten. Nach dem Backen auf einem Rost gründlich auskühlen lassen.
2. Backen: (Zweiback = Zwieback). Von den Strängen ca. 1 cm dicke Scheiben schneiden, auf den Backrost legen, bei ca. 150 °C ohne Schwaden ca. 20 Minuten leicht rösten lassen.
Ausgekühlt bleibt dieser Zwieback in einer gut verschließbaren Dose lange Zeit knusprig.

SPEZIALBROT

Zutaten für 1 Backblech (= 1 Brot und 6 Brötchen):

- 600 g kaltes Wasser abwiegen
- 10 g Hefe
- 15 g Salz, nicht jodiert
- 500 g Hafer- oder Gerstenvollkornmehl ⎫
- 300 g Hartweizen-Vollkornmehl   ⎬ mischen, fein mahlen
- 200 g Weizenvollkornmehl   ⎭

Zubereitung:
1. Teigstufe: Hefe in Wasser auflösen. 400 g Mehlgemisch einrühren und mit Mehl bestreuen. 1. Teigruhe bei Zimmertemperatur, gut zugedeckt, 1 Stunde.
2. Teigstufe: Den Vorteig kräftig rühren, dann weitere 400 g Mehlmischung einarbeiten und mit Mehl bestreuen. Gut zugedeckt nochmals 1 Stunde ruhen lassen.
3. Teigstufe: Restliches Mehl und Salz zugeben, so lange kneten, bis ein geschmeidiger Teigkloß entsteht. Dritte Teigruhe, gut zugedeckt, 30 Minuten.
Ausformen: Teig aus der Schüssel nehmen und auf bemehlter Arbeitsfläche noch einmal gut durchkneten. Streumehl nur dann nehmen, wenn der Teig klebt. Das Teiggewicht beträgt ca. 1600 g. Für ein Brot 1200 g abtrennen, für 6 Brötchen bleiben ca. 400 g übrig.
Das Brot zuerst formen, am besten länglich, dann bleibt für die Brötchen ausreichend Platz auf dem Backblech.
Teiglinge auf gefettetem Blech noch einmal, gut zugedeckt, 15 Minuten ruhen lassen.
Vor dem Backen mit Wasser absprühen.
Backen: Im vorgeheizten Ofen mit Schwaden bei 250 °C 25–30 Minuten. Brötchen herausnehmen, Wassergefäß ebenfalls entfernen. Das Brot bei 200 °C 25–30 Minuten ausbacken.
Fertige Gebäcke sofort zum Auskühlen auf einen Rost legen. Brötchen können ofenwarm verzehrt werden. Brot möglichst erst am nächsten Tag anschneiden.

MISCHBROT WEIZEN-ROGGEN MIT HEFE

in der Kastenform gebacken;
Teigmenge für ein großes Brot ca. 2 kg bzw. 2 kleine Brote à 1 kg

Zutaten für den 1. Teigansatz:

500 g		warmes Wasser
3 EL		Essig*
10 g		Salz
je 2 TL		Anis-, Fenchel-, Koriander- und Kümmelpulver
3 EL		Honig
500 g		grob gemahlenes Roggenschrot

Zutaten: für den 2. Teigansatz

400 g		kaltes Wasser
10 g		Bio-Hefe**
10 g		Salz
500 g		Weizenvollkornmehl
250–300 g		Weizenvollkornmehl zum Ausformen

1. Teigansatz: Warmes Wasser, Essig, alle Gewürze gründlich vermengen, Roggenschrot einrühren. Den weichen Teig gut zugedeckt ungefähr 3 Stunden stehen lassen.

2. Teigansatz: etwa 1 Stunde später (in separater Schüssel):
In das abgewogene Wasser Hefe und Salz geben, verrühren. Die halbe Menge Weizenvollkornmehl einrühren. Teig zugedeckt 1 Stunde ruhen lassen. Nach der Ruhezeit den Teig kurz rühren und das restliche Vollkornmehl einarbeiten; erneut 1 Stunde Teigruhe.
Anschließend beide Teige miteinander verbinden, d. h. mit nasser Hand sehr gründlich kneten. Dabei ungefähr 150 g Weizenvollornmehl einarbeiten; Teigruhe wieder etwa 1 Stunde. Nach dieser Zeit sollte der Teig sichtbar aufgegangen sein. Nun den Teig auf die bemehlte Arbeitsfläche geben und das restliche Streumehl gründlich einarbeiten, bis ein fast geschmeidiger Teig entsteht. Möglicherweise wird etwas mehr Mehl benötigt.
Entsprechend der Größe der Backform(en) 1 oder 2 Teigrollen wirken, maximal die Form(en) auf $^{2}/_{3}$ Höhe befüllen. Deckel auflegen. Letzte Teigruhe ca. 30–40 Minuten.
Sobald sich die Teiglinge bis zum Rand der Backform(en) angehoben haben und die Teighaut vielfach leicht aufgerissen ist, kann eingeschoben werden.

Backen: In der Form mit Deckel ca. 1 Stunde im vorgeheizten Ofen bei 225 ºC. Anschließend Gebäck(e) vorsichtig aus der Form kippen und etwa 20 Minuten ohne Form auf dem Rost bzw. der Stahlplatte bei 200 ºC ausbacken. So kann sich rundherum noch eine gute Kruste bilden, wichtig für Geschmack und Haltbarkeit.

Variation KURZSAUER:
Dem Roggenteig-Ansatz 50 g Sauerteig (Starterkultur) zufügen, d. h. ins warme Wasser rühren. Alle weiteren Arbeiten wie vorstehend beschrieben. Das Gebäck schmeckt würziger und hält sich etwas länger frisch.

---

* **Die Backfähigkeit des Roggens** wird mit Hilfe von Wasser, Wärme, Essigsäure und Zeit erreicht. Im lange abstehenden Mehrstufen-Sauerteig entwickeln die Sauerteighefen Essigsäure. Bei dem Hefe-Mischbrot und kurzer Abstehzeit helfen wir uns mit der Zugabe von Essig.

** Bio-Hefe eignet sich besser für Teige, die einen hohen Roggenanteil haben.

Brotaufstriche
Süss und pikant

MARMELADE

Zutaten:

150–200 g Trockenfrüchte nach Wahl: Pflaumen, Aprikosen, Datteln (entkernt), Feigen
150–200 g frische oder gefrorene Sommerbeeren: Erdbeeren, Himbeeren, Heidelbeeren, Brombeeren, Johannisbeeren, Kirschen (entsteint)
Gewürze: Zitronensaft, Zimt, Vanillegewürz
Honig: nach Bedarf, z. B. bei sauren, frischen Früchten
Menge: in einem 500 g-Honig-Glas aufzubewahren

Zubereitung: Trockenfrüchte einige Stunden einweichen. Danach im Mixer anpürieren. Soviel Einweichwasser mitverwenden, wie das Mus verträgt, ohne zu weich zu werden. Die frischen Früchte, Gewürze, evtl. Honig dazugeben, alles zu einer glatten Masse pürieren
In Minutenschnelle zubereitet und sehr lecker!
Haltbarkeit im Kühlschrank etwa eine Woche.
Interessante Kombinationen:
Trockenpflaumen + frische Pflaumen
getrocknete Aprikosen + frische Aprikosen

Tipp: Beim Trockenobst ungeschwefelte Ware einkaufen. Die Aprikosen sind dann dunkler, härter und saurer.
Weiche, glänzende Trockenpflaumen wurden chemisch behandelt. Sie sind zu vermeiden.

Variation:

PFLAUMENMUS / APRIKOSENMUS

Zutaten:

150 g entkernte Trockenpflaumen (wahlweise Aprikosen)
100 g Wasser
¼ TL Zimt
1 TL Zitronensaft
1–2 TL Honig
100 g sehr fein geriebene Mandeln, eventuell ½ Anteil Mandelmus

Arbeitsweise wie oben.

HIMBEERCREME / ERDBEERCREME
– als Brotaufstrich und Tortenfüllung geeignet –

Zutaten:

125 g   weiche Butter
125 g   Himbeeren oder Erdbeeren
1–2 TL Akazienhonig
  2 MS Vanillegewürz

Zubereitung: Früchte in ein hohes Gefäß geben, Honig und Gewürz zugeben, mit einem Mixstab pürieren. Butter zufügen. Das Gefäß in ein Warmwasserbad mit 40 °C Wassertemperatur stellen, jetzt 1–2 Minuten mit dem Handrührgerät (Schaumschläger) Früchte und Butter cremig verbinden.
Das Warmwasserbad darf nicht wärmer sein, denn Butter hat einen geringen Schmelzpunkt. Sie soll lediglich angeschmolzen, keinesfalls aufgelöst werden. Während des Anschmelzens entsteht unter Rühren die Verbindung mit dem Fruchtmus sowie die cremige Konsistenz, die im Kühlschrank wieder fest wird.
Rote, weiße und schwarze Johannisbeeren, Kirschen und Brombeeren, auch Äpfel, Ananasfrucht eignen sich gut für einen derartigen Brotaufstrich.
Menge: 1/2 Honigglas – zum alsbaldigen Verzehr gedacht.

NUSSCREME EXTRA FEIN

Zutaten:

100 g   Haselnußkerne, 1 EL Haselnußmus
  2 EL Honig – hell, neutral schmeckender Akazienhonig
1–2 EL Kakaopulver – oder wahlweise Carobpulver
 25 g   (1 geh. EL) weiche Butter
        Vanillegewürz
1–2 EL Sahne

Zubereitung: Die Haselnußkerne in den Mixer geben und darin feinst zerkleinern – das ist wichtig für die cremige Konsistenz; Haselnußmus, Honig, Kakaopulver und weiche Butter sowie Gewürze zugeben, alle Teile gut vermischen.
Das Ergebnis sollte eine geschmeidige, mittelbraun glänzende Creme sein, die nicht übersüß schmecken darf. Unter Umständen die Konsistenz mit 1–2 EL Sahne korrigieren.
Dieser Brotaufstrich hält sich im verschraubten Glas, im Kühlschrank aufbewahrt, ca. 1 Woche frisch.
Nußcreme extra fein eignet sich außerdem als Torten- oder Keksfüllung und kann zu Kugeln oder Quadern als Nuß-Konfekt verarbeitet werden.

ZITRONENBUTTER

Zutaten:

250 g	weiche Butter
1–2 TL	fein gehackte Zitronenmelisse
1–2	Blättchen Pfefferminze
1 TL	Honig
2 TL	Zitronensaft
1 TL	abgeriebene Zitronenschale, unbehandelt

Variation 1: Honig weglassen, dafür 1 MS Paprikapulver edelsüß und 2 MS weißen Pfeffer zufügen.

Variation 2: 1–2 TL Orangenblütenhonig, 2 MS Ingwer, Saft und Schale einer Orange.

Zubereitung: Butter und alle Zutaten in einem hohen Gefäß etwa 1–2 Minuten im Warmwasserbad (40 °C) rühren, bis eine cremige Konsistenz entstanden ist.
Dieser aparte Brotaufstrich ist zum alsbaldigen Verzehr bestimmt.

ZITRONEN-REISCREME

Zutaten:

50 g	weiche Butter
50 g	Sauerrahm, hohe Fettstufe
1 TL	Honig
½ TL	feingehackte Zitronenmelisse
1–2	Blättchen Pfefferminze
1 TL	Zitronensaft und etwas abgeriebene Schale einer unbehandelten Zitrone
100 g	gekochten Reisbrei

Zubereitung: Butter, Sauerrahm sowie die Gewürze mit dem Handrührgerät oder Mixer zu einer cremigen Konsistenz verbinden. Zum Schluß den gekochten Reisbrei unterrühren. Dieser Brotaufstrich hält sich – im Schraubglas kühl gelagert – einige Tage frisch.

Herstellung von Reisbrei: In 150 g kaltes Wasser 50 g Reismehl (Naturreis in der Mühle mehlfein gemahlen) einrühren, einmal aufkochen, abkühlen lassen. Damit stehen 200 g gekochter Reisbrei zur Verfügung für die rasche Zubereitung eines weiteren Brotaufstrichs – z. B. „Senf-Creme" usw.

Tipp: Reisbrei hat eine helle Farbe und schmeckt neutral; damit eignet er sich als Streckungs- und Bindemittel. Kühl im Schraubglas aufbewahrt, kann Reisbrei 3–4 Tage auf Vorrat gehalten werden.

SONNENBLUMENCREME

Zutaten:

50 g	Sonnenblumenkerne
125 g	weiche Butter
1 TL	Akazienhonig
1 TL	Zitronensaft
2 MS	Zitronenmelissen-Pulver oder einige frische Blättchen, fein gehackt

Zubereitung: Sonnenblumenkerne in einer trockenen Pfanne *leicht* anrösten (dauert 2–3 Minuten), auskühlen lassen und, ähnlich wie Nüsse, im Mixer fein pürieren oder durch feine Raffel geben.
Die Butter mit dem Sonnenblumenmehl vermengen, mit den Gewürzen leicht süß-sauer abschmecken.

Varation:

SONNENBLUMENCREME – HERB

Zutaten:

```
  1 EL   Sonnenblumenöl
 50 g    Sonnenblumenkerne
125 g    weiche Butter
  2 MS   Salz oder Kräutersalz
  2 MS   Paprikapulver
  1 MS   schwarzer Pfeffer
  1      kleine Zwiebel, fein gehackt
  1 El   Basilikum, fein gehackt
```

Arbeitsweise wie bei Sonnenblumencreme auf Seite 53 beschrieben; scharf abschmecken.

KOKOSCREME

Zutaten:

```
   50 g    Kokosflocken
10–12      Datteln, entsteint
  150 g    Sauerrahm, hohe Fettstufe
  100 g    Sommerbeeren: Erdbeeren, Himbeeren, Erdbeeren, Brombeeren u. a.
           Im Winter an Stelle der Beeren Clementinen
    2 MS   Vanillegewürz
    1 MS   Zimt
```

Zubereitung: Datteln einige Stunden in Wasser einweichen. Zusammen mit den anderen Zutaten im Mixer sämig pürieren.

KRÄUTERBUTTER

Zutaten:

  250 g   weiche Butter
2–3 EL fein gehackte Kräuter der Jahreszeit
            Wildkräuter blattweise – ebenfalls sehr fein gehackt
    1   Zwiebel, fein geschnitten
2–3   Zehen Knoblauch, fein geschnitten oder ausgepreßt, nach Geschmack
    1   Prise Salz oder Kräutersalz,

Einzeln oder in Kombination eignen sich an Küchenkräutern:
Petersilie, Schnittlauch, Dill
Sellerieblatt, Borretsch, Estragon, Salbei (sehr wenig)
Basilikum, Zitronenmelisse, Minze
Petersilie, Kerbel, Schnittlauch
Majoran, Estragon, Pimpinelle.
Wildkräuter: Löwenzahn, Sauerampfer, Brennesselspitzen, Spitz- und Breitwegerich, Vogelmiere, Giersch, Gänseblümchen, Schafgarbe, Hirtentätschel u. v. a. m.

Zubereitung: Butter in ein hohes Gefäß geben. Mit dem Handrührgerät im Warmwasserbad Butter mit Kräutern und anderen Zutaten cremig verbinden.

Tipp: Ein Rest kann leicht erwärmt als feine Kräuter-Buttersoße zu Karoffeln, Getreide oder Gemüse gereicht bzw. in Brotteig verarbeitet werden.

ZWIEBELBUTTER

Zutaten:

  250 g   weiche Butter
2–3   große Zwiebeln
$1/4$–$1/2$ TL Kräutersalz, nicht jodiert
    1 MS Majoranpulver bzw. 1 TL gehackter frischer Majoran
          Öl zum Rösten von Zwiebeln

Zubereitung: Ausreichend Öl in eine Pfanne geben, die geschälten, in *feine* Scheiben geschnittenen Zwiebeln zugeben, den Deckel aufsetzen und bei mäßiger Hitzezufuhr goldbraun werden lassen – gelegentlich umrühren. Der Vorgang dauert etwa 3–4 Minuten. Zum Schluß ohne Deckel rösten lassen.
Zwiebeln aus dem Fettbad herausnehmen, auf einem flachen Teller erkalten lassen, dabei werden sie knusprig.
Butter in ein hohes Gefäß geben, mit dem Handrührgerät geschmeidig rühren, die gerösteten, abgekühlten Zwiebeln und die Gewürze zugeben.
Nach wenigen Minuten ist ein würziger Brotaufstrich fertig, der schmalzähnlich schmeckt und einige Tage, im Schraubglas kühl gestellt, aufbewahrt werden kann.

Tipp: Ein Rest kann leicht erwärmt als Buttersoße zu Kartoffel-, Getreide- und/oder Gemüsespeisen gereicht werden. Besonders interessant können mit 30–50 g Zwiebelbutter „Zwiebelbrötchen" oder „-brot" hergestellt werden; s. Rezept „Pfefferbrötchen", Seite 33.

SENFCREME

Zutaten:

- 50 g weiche Butter
- 50 g Sauerrahm, hohe Fettstufe
- 2 TL Senf
- ½ TL Salz, nicht jodiert
- 1 kleine Zwiebel, fein geschnitten
- 1 EL Schnittlauchröllchen
- 100 g gekochten Reisbrei (s. S. 53)

Zubereitung: Butter mit Sauerrahm cremig rühren und mit Senf, Salz, Zwiebel sowie Reisbrei gut vermengen.
Mit Schnittlauchröllchen bestreut servieren.

MEERRETTICHCREME

Zutaten:

- 50 g weiche Butter
- 50 g Sauerrahm
- 1–2 TL frisch geriebener Meerrettich
- ½ TL Salz, nicht jodiert
- 1 kleine Zwiebel, fein geschnitten
- ½ mürber Apfel, geraffelt
- 100 g gekochter Reisbrei

Zubereitung wie oben.

MEERRETTICH-MÖHREN-BUTTER

Zutaten:

125 g	weiche Butter
1–2 TL	frisch geriebenen Meerrettich
1	mittelgroße Möhre
	etwas Zironensaft
1	Prise Salz
	Schnittlauchröllchen

Zubereitung: Butter in ein hohes Gefäß geben, die sehr fein geriebene Möhre, geriebenen Meerrettich und die Gewürze zugeben, im warmen Wasserbad kurz rühren. Das Ziel ist eine cremige Konsistenz.
Mit Schnittlauchröllchen bestreut in einem kleinen Glasschälchen servieren.
Pikanter Brotaufstrich für 1–2 Tage haltbar.

GEMÜSEBUTTER

Zutaten:

150 g	weiche Butter
100 g	sehr fein geschnittenes Gemüse: Paprikaschoten (grün, gelb, rot), Tomaten, Radieschen, kleine Rettiche, grüne Gurke, Zucchini, Zwiebeln, Zwiebelgrün, Knoblauch, sowie viele frische Kräuter
1 EL	grüne Pfefferkörner
½ TL	Kräutersalz, nicht jodiert

Zubereitung: Butter in ein hohes Gefäß geben, sehr, sehr fein geschnittenes Gemüse, 1–2 EL fein gehackte Kräuter und die übrigen Gewürze zugeben, alles im Warmwasserbad einige Minuten rühren. Es ergibt sich eine bunte, cremige Substanz. Pikant abschmecken.
Dieser Brotaufstrich – aus vielen Gemüseresten herstellbar – paßt besonders gut zu frisch gebackenen Brötchen, Baguettes oder würzigem Roggenvollkornbrot.

AVOCADOCREME

Zutaten:

1	Avocado, reif
75 g	Sauerrahm, hohe Fettstufe
1–2 TL	Zitronensaft
1	Prise Salz
1 MS	Pfeffer
1	kleine Zwiebel, feinst geschnitten
	Schnittlauchröllchen
	Basilikum, fein gehackt

Zubereitung: Reife Avocado der Länge nach teilen, Kern entfernen, das Fruchtfleisch mit einem Löffel herausheben, Die Schale ist nicht verzehrbar.
Fruchtfleisch mit den übrigen Zutaten mixen, pikant abschmecken.
Mit Schnittlauchröllchen garniert servieren.

Variation: Süße Richtung. Avocado mit etwas Honig, Zitronensaft, Zitronenmelisse und Minze, geraffeltem oder fein geschnittenem Apfel pürieren.

Tipp: Avocados sind sehr fettreich. Darum läßt sich das Fruchtfleisch gut pürieren. Sie reifen in warmen Ländern, werden jedoch für den Export unreif geerntet und kommen somit hart und ungenießbar zu uns. Einige Tage sollten sie bei Zimmertemperatur nachreifen, bis sie weich werden. Vorsichtig testen, damit es keine Druckstellen gibt. Keine Früchte mit dunklen bzw. schwarzen Flecken kaufen.

Resteverwertung: Reste von pikanten Brotaufstrichen lassen sich gut in Soßen, Suppen und Aufläufe einarbeiten oder – geschmolzen – auch für Gemüse-, Kartoffel- und/oder Getreidegerichte verwenden.

CHAMPIGNON-TOAST

Zutaten:

- 4–6 Scheiben Vollkorntoast
- 200 g Champignons
- 2 Zwiebeln (fein in Scheiben)
- Öl zum Rösten der Pilze und Zwiebeln
- Kräutersalz, nicht jodiert
- 2 TL gehackte Petersilie
- 1 milchsäuerlicher Apfel
- 2 EL Butter

Zubereitung: Champignons blättrig schneiden und zusammen mit den Zwiebelscheiben im heißen Öl goldbraun rösten, aus dem Fettbad herausnehmen, mit Kräutersalz würzen, mit Petersilie überstreuen.
Im etwas abgekühlten Zustand auf die mit Butter bestrichenen Toastscheiben häufen, Apfelschnitzel obenauf legen, mit Butterstückchen versehen auf ein Backblech bzw. -Rost legen.
Bei ca. 200 °C etwa 10 Minuten im Ofen überbacken.

GRÜNKERNBUTTER

Zutaten:

50 g		Grünkernmehl
100 g		Wasser
50 g		weiche Butter
2	EL	Sauerrahm
1		kleine Dose Tomatenmark
½	TL	Kräutersalz, nicht jodiert
1	kl.	Zwiebel, feinst geschnitten
1	TL	Majoran frisch (fein gehackt)
2	TL	Schnittlauchröllchen, Basilikum (frisch oder als Gewürzpulver)

Zubereitung: Grünkernmehl mit dem Wasser unter Rühren kurz aufkochen, etwas abkühlen lassen. Im lauwarmen Zustand die übrigen Zutaten einarbeiten, sehr würzig-pikant abschmecken.
Dieser Brotaufstrich sollte ca. 1 Stunde im Kühlschrank ruhen, er gewinnt damit an Wohlgeschmack.
Zum alsbaldigen Verzehr gedacht.

Tipp: Grünkern ist unreif (milchreif) geernteter Dinkel, der nach der Ernte in der Ähre künstlich getrocknet (gedarrt) wird. Dabei erfolgt ein sog. Dextrinierungsvorgang (Vermalzen), der Grünkern den arteigenen, würzigen Duft und Geschmack verleiht. Für pikante Gerichte, Suppen, Soßen und Aufstriche geeignet.

FRISCHKOST

GEMÜSEFRISCHKOST
– Grundrezept für „All-in-Methode" –

Gemüse- und Getreidefrischkost sind die wichtigsten Säulen der vitalstoffreichen Vollwertkost. Damit sie regelmäßig und gern gegessen werden, sind der verlockende Anblick, Wohlgeschmack, Abwechslung und phantasievolle Zubereitung die wichtigsten Voraussetzungen. Der Zeitaufwand ist gering.

Mit dieser „All-in-Methode" kommen wir dem idealen Ziel, in der täglichen Gemüsefrischkost möglichst Artenvielfalt – „über und unter der Erde Gewachsenes" – zu genießen, am ehesten nahe. Die bunte Mischung bringt viel Farbe und Geschmack, mildsüßes Obst gleicht u. U. den strengen Gemüsegeschmack aus.

Entsprechend der Jahreszeit wären verwendbar:

Blattsalate	Kopfsalat, Eisbergsalat, Endiviensalat, Spinat, Radicchio rosso, Lollo rosso, *zerrupft oder kleingeschnitten;*
Kohlarten	Weißkohl, Wirsingkohl, Spitzkohl, Rosenkohl, Grünkohl, Broccoli, Blumenkohl *kleingeschnitten, geraffelt;*
Knollengemüse	Kohlrabi, Fenchelgemüse *kleingeschnitten, geraffelt;*
Wurzelgemüse	Möhren, Rote Bete, Sellerie, Kohlrüben, Radieschen, Rettiche, Pastinaken *geraffelt, püriert;*
Fruchtgemüse	Tomaten, Gurken, Zucchini, Paprikaschoten, Melonen, Kürbis *kleingeschnitten;*
Pilze	Zuchtpilze wie Champignons, Austernpilze *blättrig geschnitten;*
Küchenkräuter	Petersilie, Schnittlauch, Dill, Sellerieblatt, Fenchelblatt, Estragon, Borretsch, Basilikum, Liebstöckel, Zitronenmelisse, Thymian, Majoran, Pimpinelle, Minze *fein gehackt;*
Salatsoße	2–3 EL Zitronensaft oder Essig 3–4 EL Öl oder Sahne, 2–4 EL Wasser + Gewürze *leichte Emulsion herstellen;*
Obst	Äpfel, Birnen, Orangen, Clementinen, Ananas, Weintrauben, Erdbeeren, Himbeeren, Brombeeren, Pflaumen, Aprikosen, Pfirsiche *kleinschneiden oder ganz lassen.*

Zubereitung für ein Familienrezept: 400–500 g verzehrbare Anteile verschiedener Gemüse- und Obstsorten in Kombination. Jeder kleine Rest kann verarbeitet werden. Faustregel: $1/3$ Obst, $2/3$ Gemüse. Vom Gemüse wiederum über und unter der Erde gewachsene Teile.

Dekorativ in Glasschale oder auf einer großen Platte anrichten.

Kurz vor dem Verzehr mit der „schnellen Soße" übergießen.

Tipp: Frischkostreste in verschließbarem Gefäß im Kühlschrank bis zur nächsten Mahlzeit aufbewahren. Der Vitaminverlust ist äußerst gering und unwesentlich.

„ALL-IN-METHODE"
Variation 1

Zutaten:

250 g	Möhren
100 g	junge Zuckererbsenschoten
4–5	Blatt Löwenzahn
3–4	Aprikosen
2–3	Stiele Zwiebelgrün
je 2 TL	Zitronenmelisse, Schnittlauchröllchen

Soße:

1–2 EL	Zitronensaft
1 EL	Wasser
2–3 EL	Sonnenblumenöl

Zubereitung: Möhren sauber bürsten, nicht schälen, grob oder fein raffeln. Die Zuckererbsenschoten entfädeln, feinschneiden – egal, ob bereits Erbsen gebildet sind oder noch nicht. Löwenzahnblätter zusammen mit den anderen Kräutern feinschneiden bzw. hacken. Die Aprikosen in Würfel schneiden, zu den Gemüsen geben.
Alle Teile locker vermengen.
Zitronensaft mit Wasser und Öl verrühren und gleichmäßig über den Salat gießen.

„All-in-Methode" Variation 2

Zutaten:

250 g	Sellerieknolle,
1–2	Stengel vom Blatt
1	Boskop-Apfel
100 g	Ananas – 1 dicke Scheibe
100 g	Weintrauben (grüne oder blaue)
50–75 g	Haselnußkerne
1/4	Endiviensalat

Soße:

2 EL Zitronensaft, 3 EL Wasser
2 EL Sonnenblumenöl
3 EL süße Sahne
1 EL gehackte Petersilie
1 EL Schnittlauchröllchen

Zubereitung: Sellerieknolle waschen, sauber bürsten, grobe Teile abschneiden, zusammen mit dem ungeschälten Apfel grob raffeln, sofort mit etwas Zitronensaft beträufeln, damit die Speise weiß bleibt. Ananas in Würfel schneiden, Weintrauben halbieren, entkernen, Haselnußkerne entweder fein schneiden oder einfach mit dem Gemüse raffeln.
Soßenzutaten verrühren und mit dem Salat vermengen. Alles auf dem kleingeschnittenen Salat anrichten.

„All-in-Methode" Variation 3

Zutaten:

- ½ Eisbergsalat
- 6–8 Radieschen
- 100 g Blumenkohl oder Broccoli
- 2–3 Möhren
- 6–8 Erdbeeren

Soße:

3 EL Sauerrahm
3 EL süße Sahne
3 EL Wasser
2 EL Sesamöl
1 TL oder mehr Senf
1 Prise Salz
1 MS Pfeffer
2 TL Zitronensaft
1 TL Honig

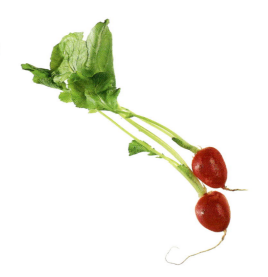

Zubereitungsart: Eisbergsalat nach dem Putzen, Waschen und Trockenschleudern kleinschneiden, ebenso die Radieschen, Blumenkohl entweder zusammen mit den Möhren grob raffeln oder blättrig schneiden.
Die Erdbeeren halbieren.
Die Gemüseteile trocken mischen, in eine Glasschale bzw. auf eine Platte häufen. Mit den halbierten Erdbeeren garnieren.
Aus den weiteren Zutaten eine pikante Senfsoße bereiten, in einem Schälchen gesondert dazustellen.

„All-in-Methode" Variation 4
– Melonen-Cocktail als Vorspeise –

Zutaten:

- 300 g Wassermelone (verzehrbarer Anteil)
- je ½ rote und gelbe Paprikaschote
- 10 kleine Zucker- oder Partytomaten
- 1–2 Kolben Gemüsemais
- 1 große Zwiebel
- 100 g süße Kirschen
- Herz von Blattsalat

Soße:

- 150 g Sauerrahm
- 6 EL süße Sahne
- 3 EL Orangensaft
- 2 EL Sonnenblumenöl
- 1 TL Tomatenmark
- 2 MS Senf, Pfeffer, Paprikapulver
- evtl. 1 TL Akazienhong
- etwas Kresse

Zubereitungsart: Melone entkernen, würfeln, ebenso die Paprikaschoten. Die kleinen Tomaten ganz lassen oder halbieren (je nach Größe). Die Maiskörner mit einem scharfen Messer (von oben nach unten) vom Kolben schneiden, Zwiebel würfeln; Kirschen müssen nicht entsteint werden.

Alles in einer großen Glasschale auf dem auscinandergefalteten Salatherz anrichten. Kresseblättchen obenauf.

Mit pikanter Soße übergießen, den Rest gesondert dazu reichen. Zur Dekoration eignen sich einige Kirschen mit Stiel.

CHICORÉE-SALAT IN CURRYSAHNE

Zutaten:

2–3 Chicorée-Sprossen (etwa 300–400 g)
  1 säuerlicher Apfel
  2 kleine Möhren

Soße:

100 g	Sauerraum, hohe Fettstufe
3 EL	süße Sahne
3 EL	Wasser
2 EL	Sonnenblumenöl
2–3 TL	Zitronensaft
1 Pr.	Kräutersalz
½ TL	Currypulver
2 MS	Paprikapulver edelsüß
	evtl. 1 Knoblauchzehe, geschnitten oder gepreßt
1 EL	geh. Petersilie oder Schnittlauchröllchen

Zubereitung: Sauerrahm, Sahne, Wasser, Öl und Zitronensaft verrühren. Mit den vorgeschlagenen Gewürzen pikant abschmecken.
Chicorée-Sprossen von den äußeren Blättern befreien, der Länge nach halbieren, den bitteren Strunk keilförmig herausschneiden. Sprossen in breite Streifen schneiden.
Äpfel würfeln, Möhren grob raffeln.
Gemüse sofort in die Soße geben, gut vermengen. Mit gehackter Petersilie oder Schnittlauchröllchen bestreuen.

Wer den Bittergeschmack liebt, kann den Strunk mitessen.

Tipp: Dieses Rezept ist eine Winterfrischkost, die in ihrer besonderen Art Blatt-, Frucht- und Wurzelgemüse umfaßt.

TOMATEN-BIRNEN-SALAT

Zutaten:

    2   mittelgroße Birnen
    2   große Fleischtomaten
50–70 g Haselnußkerne

Soße:

    5 EL   süße Sahne
    1 EL   Sauerrahm
    2 EL   Öl
1–2 EL   Zitronensaft
    1 MS weißen Pfeffer
    1 TL   geh. Zitronenmelisse
    2 TL   Schnittlauchröllchen

Zubereitung: Birnen mit der Schale würfeln, das Innere der Tomaten absondern, die festen Teile ebenfalls würfeln, die Nußkerne fein schneiden bzw. grob raffeln.
Sahne, Sauerrahm, Öl und Zitronensaft vermengen, leicht scharf würzen.
Die gehackten Kräuter zusammen mit dem Tomateninneren unterrühren.
Möglichst bald verzehren.

SAUERKRAUT-FRISCHKOST

Zutaten:

300 bis 400	g	Sauerkraut
100	g	Weintrauben
1		mürber Apfel
1		Orange
½		rote Paprikaschote
1		kleine Zwiebel
3–4	EL	süße Sahne
2	EL	Schnittlauchröllchen
3–4		Sträußchen Feldsalat

Variation:

300 bis 400	g	Sauerkraut
150	g	Möhren
2–3		milchsaure Gurken
1		mürber Apfel
1		kleine Zwiebel
2	EL	Leinöl

Zubereitung: Sauerkraut zerschneiden, wenn es sehr langfaserig ist. Äpfel und Paprika würfeln, Weintrauben halbieren, Kerne entfernen. Zwiebel in feine Würfel schneiden. Alle Teile vermengen, die Sahne übergießen. Auf Feldsalat anrichten. Mit Schnittlauchröllchen bestreut servieren.

Tipp: Sauerkraut-Speise ganz schnell: Sauerkraut etwas zerschneiden, lediglich mit etwas Öl und Kümmel(pulver) vermengen – fertig!

Die beste Sauerkraut-Qualität aus dem Gärtopf ist loses selbstgemachtes Sauerkraut von Weißkohl aus ökologischem Anbau. Ab Oktober gibt es von frühen Kohlsorten das erste schnelle Sauerkraut. Die milchsaure Gärung hält den Kohl, der roh eingestampft wird, bei richtiger Handhabung ca. 6 Monate frisch.
Alle Sauerkohl-Angebote in Gläsern oder Dosen wurden nach der Abfüllung pasteurisiert, d.h. über 70 °C erhitzt. Frischkost sind sie deshalb leider nicht. Fast alle enthalten Jodsalz, das gesundheitlich nachteilig ist.

LAUCH-FRISCHKOST

Zutaten:

250 g Lauch
 (verzehrbarer Anteil)
 1 mürber Apfel
 1 mittelgroße Möhre

Soße:

 3 EL Sonnenblumenöl
 3 EL Wasser
 2 EL Sauerrahm
 1 EL Zitronensaft
 1 TL Honig
 2 EL geh. Petersilie

Zubereitung: Vom Lauch die äußeren Blätter entfernen, die Stangen der Länge nach aufschneiden, waschen, gut abtropfen lassen. Sehr feine Ringe schneiden, Äpfel würfeln, Möhren grob raffeln. Soße über das Gemüse geben, kurz vermengen. Mit gehackter Petersilie bestreut servieren.

Tipp: Es empfiehlt sich, die unteren hellen Teile der Lauchstangen für Frischkost zu verwenden, sie sind zarter und schmecken nicht so streng. Die oberen Abschnitte taugen für eine Suppe, Gemüsebrühe o. ä.

WEISSKOHL-SALAT

Zutaten:

250 g	Weißkohl – oder Spitzkohl
1	mürber Apfel
1 kl.	Zwiebel
1 gr.	Orange oder 2 Clementinen

Soße:

75 g	Sauerrahm
2 EL	Wasser
1 TL	Essig,
1	Prise Kräutersalz
1 MS	Senf
2 TL	Zitronenmelisse, fein gehackt
2 TL	Petersilie, fein gehackt

Variation Soße:

3 EL	Olivenöl
1 EL	Essig oder Zitronensaft
3 EL	Wasser
1	Prise Kräutersalz, nicht jodiert
1 MS	weißer Pfeffer
je 2 TL	Zitronenmelisse und Petersilie, fein gehackt

Zubereitung: Weißkohl (wahlweise Spitzkohl) raffeln oder sehr fein schneiden, Äpfel und Orange würfeln, Zwiebeln fein schneiden. Alle Teile mit der Soße vermengen. Einige Orangenstückchen zur Verzierung auflegen. Mit Kräutern bestreuen.

Variation Wirsingkohl: Kohl sehr fein schneiden oder raffeln. Mit kleingeschnittener Zwiebel, Paprikaschote (rot oder gelb) und saurer Gurke vermengen. Mit halbierter Tomate garnieren.
Die Soße separat servieren.
Soßenzutaten: 3 EL Öl, 2 EL Kräuteressig, schwarzer Pfeffer, Kümmelkörner, Schnittlauchröllchen. Kräftig abschmecken.

WILDKRÄUTER-SALAT

Zutaten:

Wildkräuter entsprechend der Jahreszeit und nach Geschmack

2–3	Handvoll oder mehr: Brennesselspitzen, Löwenzahn, Sauerampfer, Breitwegerich, Spitzwegerich, Giersch, Hirtentäschl, Gänseblümchen, Gundermann
100–200 g	Blattsalat (Spinat, Eisberg-, Freiland-Blattsalat)
5–6	Radieschen
2–3	kleine Rettiche „Eiszapfen"
1	Zwiebel
1	Apfel
50 g	Erdbeeren

Soße:

2	EL	Kräuteressig
3	EL	oder mehr Sonnenblumenöl
3	EL	Wasser
2	MS	Senf
		je 1 Prise Kräutersalz
		weißer Pfeffer

Zubereitung: Wildkräuter und Blattsalat waschen, im Küchentuch bzw. in der Salatschleuder gut trocknen, anschließend feinschneiden. Die anderen Gemüse – auch Zwiebel und Apfel – ebenfalls feinschneiden. Erdbeeren würfeln. Die Teile lediglich übereinander schichten, möglichst nicht rühren. In einer großen Glasschüssel wirken die Farben intensiver!
Aus den Soßenzutaten eine würzige Emulsion rühren, über das Gemüse gießen oder separat servieren.

Wildkräuter enthalten nachweislich mehr Vitamine als Kulturpflanzen. Gönnen wir Wildgemüsen und Wildfrüchten in unserem Garten Lebensraum. Dabei lernen wir sie am ehesten kennen und schätzen.

ROTE BETE-FRISCHKOST

Zutaten:

300 g		Rote Bete
1		Zwiebel
1		grüne Paprikaschote
1		Handvoll Feldsalat
½	TL	Kümmel ganz
1	EL	Obst- oder Kräuteressig
2	EL	Sesamöl

Zubereitung: Feldsalat putzen, waschen, trocknen, auf einer Salatplatte anordnen.
Rote-Bete-Knollen putzen, grob oder fein raffeln, auf den Feldsalat häufen.
Paprikaschoten in feine Streifen und die Zwiebel in Ringe schneiden, beides obenauf anordnen.
Kümmel gleichmäßig überstreuen, Essig und Öl übertröpfeln.
Eine schnelle Speise für „Fortgeschrittene".

Tipp: Zwischen Produkten aus üblicher sogenannter konventioneller Anbauweise und ökologisch kontrolliertem Anbau ist gerade bei Rote-Bete-Gemüse der Geschmack auffallend. Ein Versuch lohnt sich!

BALKAN-SCHÜSSEL

Zutaten:

- 3 Fleischtomaten
- 1 kleine Schlangengurke (oder ½ große)
- 1 Zucchini
- je 1 rote, grüne, gelbe Paprikaschote
- 2 Gemüsezwiebeln
- 6 oder mehr Radieschen
- 3 Stangen Zwiebelgrün

Dill-Soße:

- 3 EL Kräuteressig
- 6 EL Wasser
- 3 EL Olivenöl
- Kräutersalz, Pfeffer, Paprikapulver
- 2 EL fein gehackter Dill
- 2 Knoblauchzehen, feinst geschnitten

Zubereitung: Alle Gemüse in dünne Scheiben schneiden, in einer großen Glasschale übereinander schichten. Es ist günstig, zwischen zwei Gemüse stets einige Zwiebelringe zu legen und mit Zwiebelringen abzuschließen.
Die Dillsoße übergießen, nicht rühren.

Um dem Namen „Balkan-Schüssel" gerecht zu werden, darf etwas Peperoni, sehr fein geschnitten, nicht fehlen. Vorsicht, besonders die kleinen Samen sind sehr scharf!

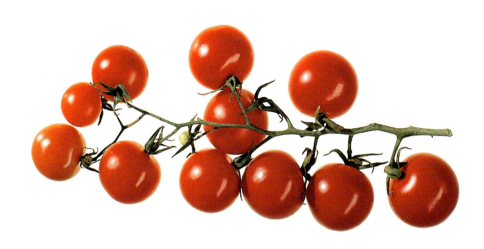

AUSTERNPILZ-SALAT

Zutaten:

300 g	Austernpilze
2	feste Tomaten
1	Zwiebel
1–2	Stiele Zwiebelgrün
1 EL	frische Kräuter (Dill, Estragon, Petersilie)
$1/2$	rote Paprikaschote
$1/2$	Kopfsalat

Soße:

2 EL	Kräuteressig
3 EL	Sonnenblumenöl
5 EL	Wasser
1 Prise	Kräutersalz
1 MS	Pfeffer
1 MS	Paprikapulver

Zubereitung: Pilze nicht waschen, sondern trocken säubern, in feine Streifen schneiden (einige kleine Pilzhüte zur Garnierung zurückbehalten).
Tomaten würfeln oder in dünne Scheiben schneiden, ebenso Zwiebel und Zwiebelgrün, Paprikaschote in feine Streifen schneiden. Alle Teile im trockenen Zustand vermengen, auf zerkleinertem Kopfsalat anrichten.
Die Salatsoße gleichmäßig übergießen. Mit den zurückbehaltenen Pilzhüten garnieren.

Austernpilze sind eine Köstlichkeit und ganzjährig im Fachhandel erhältlich. Sie wachsen ohne Bodenberührung im gehäckselten, feuchten Stroh, das in Säcken in klimatisierten und gut belüfteten Hallen aufgehängt wird. Nach der Ernte werden die Pilze sorgfältig verpackt. Daher brauchen sie in der Küche nicht gewaschen zu werden, denn dabei verlieren sie Duft, Aroma und günstige Beschaffenheit.
Der einzelne Pilzhut hat die Form einer Schale oder einer Muschel (= Auster). Der Feinschmecker-Pilz trägt vielerlei Namen: Austernzeitling, Drehling, Silberauster und Kalbfleischpilz; in der Tat: Biß und Geschmack ähneln Kalbfleisch. Die Frische einer Pilzkolonie erkennen wir an den glatten und nach unten geneigten Huträndern.

WINTER-FRISCHKOST

Zutaten:

100 g	Grünkohl (oder Rosenkohl)
½	gelbe, ½ rote Paprikaschote
3	Möhren
50 g	Radicchio rosso
50 g	Feldsalat
1	Apfel
2	Clementinen

Soße:

1	Orange entsaften + Fruchtfleisch verwenden
50 ml	süße Sahne + 2 EL Sauerrahm
2 TL	Akazienhonig
1 MS	Pfeffer, Muskatblüte, Ingwerpulver

Zubereitung: Grünkohl, Radicchio rosso, Feldsalat und Wildkräuter feinschneiden, mit gewürfelten Paprikaschoten, Äpfeln und Clementinen sowie mit den geraffelten Möhren vermischen.
Es gibt eine farbenfrohe Mischung, die nicht garniert zu werden braucht.
Aus den übrigen Zutaten eine pikant säuerlich-süße, leicht scharfe Soße bereiten und sie separat servieren.

Tipp: Grünkohl ist ein hervorragendes Wintergemüse und reich an Vitalstoffen.

CHAMPIGNONSALAT

Zutaten:

250 g		Champignons in Scheiben schneiden
1		Avocado würfeln
2	EL	Zitronensaft

Soße:

1		Knoblauchzehe sehr fein schneiden
1		rote Zwiebel würfeln
3	EL	Olivenöl
2	EL	Weinessig
2	MS	Salz, nicht jodiert
2	MS	schwarzer Pfeffer, frisch gemahlen
1	EL	Schnittlauchröllchen
1		Tomate zum Garnieren

Zubereitung: Zerkleinertes Gemüse mit Zitronensaft beträufeln. Soßenzutaten verrühren und mit dem Gemüse locker vermischen.
Möglichst bald verzehren.

Suppen
Pikant und süss

RUSTIKALE GEMÜSESUPPE MIT GRÜNKERNEINLAGE

Zutaten:

1	Stange Lauch
2	Möhren
1	Stück Sellerie (möglichst mit Blatt) bzw. Staudensellerie
5–6	Kartoffeln
1	Petersilienwurzel
2	Zwiebeln
1–1 1/2 TL	Salz bzw. Kräutersalz, nicht jodiert
1	Lorbeerblatt, etwas Thymian, Basilikum
1 Ltr.	Wasser oder Gemüsebrühe

Für die Einlage:

- 50 g   Grünkernmehl
- 30 g   Butter
- 5 EL   Sahne
- 1/4 TL   Kräutersalz
- 2 MS   Delikata*
- 2 MS   Muskatblüte

Zubereitung: Gemüse grob zerkleinern, in einen großen Topf geben und mit 1 Ltr. Flüssigkeit auffüllen, das Lorbeerblatt zugeben. Ca. 15–20 Minuten bei geringer Hitzezufuhr köcheln lassen (den Deckel möglichst nicht öffnen).
Inzwischen Butter, Sahne und Gewürze in einer Kasserolle erwärmen, das Grünkernmehl zufügen, den Teig schnell „abbrennen". Wenn er glänzt und sich leicht vom Topfrand löst, ist er fertig.
Nach der Garzeit des Gemüses das Lorbeerblatt entfernen, die Gewürze zufügen, den Brandteig einrühren und kräftig abschmecken. Sofern vorhanden, mit frischen Kräutern wie Petersilie, Basilikum, Sellerieblatt, Schnittlauch oder Thymian bestreut servieren.

Tipp: Anstelle von Grünkernmehl könnte auch Dinkel-, Hafer- oder Gerstenvollkornmehl verwendet werden. Kleingeschnittene Pfannenbratlinge schmecken auch als Suppeneinlage (Resteverwertung).

* Delikata-Gewürz ist eine Mischung aus 20 Einzelgewürzen für herbe Speisen.

PORRÉE-CREMESUPPE

Zutaten:

- 2 EL Reismehl
- 2 Zwiebeln
- 500 g Porrée (verzehrbarer Anteil)
- 1 Ltr. Wasser
- 1–1½ TL Kräutersalz, nicht jodiert
- je 2 MS Pfeffer, Paprikapulver edelsüß, Delikatagewürz
- 40 g Butter
- 3 EL Sauerrahm, höchste Fettstufe
- 5 EL süße Sahne
- 3–4 EL geröstete Brotwürfel

Zubereitung: Zwiebeln und Porréegemüse feinschneiden, mit der Butter in einem ausreichend großen Topf andünsten, Reismehl überstreuen, kurz mitdünsten lassen. Mit Wasser auffüllen, ca. 10 Minuten garziehen lassen.
Mit einem Pürierstab die Suppe cremig pürieren, Sahne und Gewürze zufügen. Mit gerösteten Brotwürfeln servieren.
Brotwürfel:
2–3 dünne Scheiben Weizenvollkornbrot in Würfel schneiden, in etwas Butter knusprig rösten, abkühlen lassen.

SPARGELSUPPE

Zutaten:

- 500 g Spargel (verzehrbarer Anteil)
- 1 Ltr. Wasser oder, wenn vorhanden, Spargelbrühe
- 30 g Butter
- 2 EL Weizenvollkornmehl
- 1–1½ TL Salz, nicht jodiert
- abgeriebene Schale und Saft 1 Zitrone, unbehandelt
- 75 g Sauerrahm
- 3–4 EL süße Sahne
- 1 EL Zitronenmelisse (fein gehackt)
- 1 EL Schnittlauchröllchen

Zubereitung: Spargel schälen, von holzigen Teilen großzügig befreien, Stangen in 2–3 cm lange Stückchen teilen. Spargelstücke in Wasser oder Gemüsebrühe weichkochen, Vollkornmehl einquirlen, 1–2 Minuten mitkochen lassen. Danach mit Butter, saurem und süßem Rahm bzw. den Gewürzen abschmecken.
Mit gehackter Zitronenmelisse und Schnittlauchröllchen servieren.

Tipp: Probieren Sie einmal Grünspargel. Kenner behaupten, Grünspargel hätte mehr Geschmack als Bleichspargel, der im Dunkeln – also innerhalb des Erdhügels – seine Sprosse bildet. Grünspargel dagegen benötigt keine aufgeschütteten Sanddämme, kein Anpflügen, wächst nicht nur auf sandigen, sondern auf warmen Böden, ist also wesentlich arbeitssparender bis zur Ernte und damit preiswerter.

Harte Abschnitte und Spargelschalen für eine Gemüsebrühe auskochen. Mit Pfeffer, Kräutersalz und etwas Öl abschmecken. Mit gehackter Petersilie bestreuen. Vorzüglich!

BLUMENKOHLSUPPE MIT HIRSEMEHL

Zutaten:

- 300 g Blumenkohl
- 2 Möhren
- 1 Ltr. Wasser oder Gemüsebrühe
- 60 g Hirsemehl
- je 2 MS Muskatnuß + Muskatblüte
- 1–$1/2$ TL Salz, nicht jodiert
- $1/2$ TL abgeriebene Zitronenschale
- 2 EL Zitronensaft
- 1 EL Akazienhonig
- 2 EL Sauerrahm
- 3 EL süße Sahne
- 1 EL Butter
- 1 EL fein gehackte Zitronenmelisse

Zubereitung: Blumenkohl in kleine Röschen teilen, mit den in Scheiben geschnittenen Möhren in Wasser oder Gemüsebrühe 12–15 Minuten garen.
Anschließend das frisch gemahlene Hirsemehl unter Rühren einstreuen, wenige Minuten mitziehen lassen.
Mit den Gewürzen, Sahne und Butter fein abschmecken.
Die gehackte Zitronenmelisse überstreuen.

Variation:

BLUMENKOHLSUPPE MIT APRIKOSEN

Zutaten:

300 g	Blumenkohl
5	Aprikosen
1 Ltr.	Wasser
1 TL	Salz, nicht jodiert
je 2 MS	Koriander, weißer Pfeffer, Nelkenpulver
1 EL	Zitronensaft
1 EL	Butter
3 EL	süße Sahne
1 EL	gehackte Zitronenmelisse

Zubereitung: Blumenkohl in kleine Röschen schneiden, zusammen mit den entkernten Aprikosen in Wasser 10 Minuten köcheln lassen. Mit dem Mixstab alles pürieren. Mit den anderen Zutaten fein säuerlich abschmecken.

Tipp: Blumenkohlstrunk und auch die Blätter für Gemüsebrühe auskochen.

FEINE ZWIEBELSUPPE

Zutaten:

500 g	Zwiebeln
50 g	Butter
50 g	Hartweizenvollkornmehl
1 Ltr.	Wasser oder Gemüsebrühe
1–1½ TL	Salz oder Kräutersalz, nicht jodiert
2 MS	schw. Pfeffer, Paprikapulver, Majoran
75 g	Sauerrahm

Brotwürfel:
2–3 dünne Scheiben Weizenvollkornbrot in Würfel schneiden, in
1 EL Butter knusprig rösten.

Zubereitung: Zwiebeln schälen, in feine Ringe schneiden, in der Butter goldbraun dünsten. Hartweizenvollkornmehl die letzten 1–2 Minuten mitdünsten lassen, mit Flüssigkeit auffüllen, noch wenige Minuten leise köcheln lassen.
Mit den Gewürzen und Rahm die Suppe pikant abschmecken, geröstete Brotwürfel obenauf streuen.

SELLERIE-ORANGEN-SUPPE

Zutaten:

250	g	Sellerieknolle – verzehrbarer Anteil
3		mittelgroße Kartoffeln
3		Möhren
1	Ltr.	Wasser bzw. Gemüsebrühe
75	g	Sauerrahm
6	EL	süße Sahne
1	EL	Butter
2	EL	Schnittlauchröllchen und Sellerieblatt (fein gehackt)
1–1½	TL	Selleriesalz bzw. Kräutersalz, nicht jodiert
je 2	MS	Pfeffer, Koriander und Nelkenpulver

abgeriebene Schale ½ Orange, Saft 1 Orange (Fruchtfleisch mitverwenden)

Zubereitung: Das Gemüse und die Kartoffeln kleinschneiden, in 1 Ltr. Flüssigkeit ca. 12–15 Minuten kochen lassen.
Mit einem Mixstab sämig pürieren. Noch einmal kurz aufkochen lassen.
Anschließend die Gewürze, Sahne und Butter zugeben, pikant abschmecken.
Mit Kräutern bestreut servieren.

AUSTERNPILZ-SUPPE

Zutaten:

500	g	Austernpilze
3		mittelgroße Kartoffeln
1		große Zwiebel
1	Ltr.	Wasser oder Gemüsebrühe
1–1½	TL	Salz, nicht jodiert
2	EL	Butter
75	g	Sauerrahm
3	EL	frische Kräuter: Petersilie, Schnittlauch, Basilikum o. ä.
		Öl zum Dünsten

Zubereitung: Öl in einem Topf leicht erhitzen, die zerkleinerte Zwiebel kurz darin andünsten, die feingeschnittenen Pilzhüte und gewürfelten Kartoffeln zugeben, ca. 10 Minuten dünsten lassen. Mit Flüssigkeit auffüllen, nochmals ca. 5 Minuten köcheln.
Mit den Gewürzen, der Butter, dem Rahm fein abschmecken.
Zum Schluß die Kräuter überstreuen.
Variation: Einige Pilzhüte werden roh zurückbehalten, feingeschnitten;
2 kleine feste Tomaten (ohne das Innere) fein würfeln.
Diese Teile können roh als Einlage gereicht werden.
Oder: Brotwürfel in Butter rösten, als Einlage reichen.

FRANZÖSISCHE KARTOFFELSUPPE

Zutaten:

- 5 große Kartoffeln
- 2 Zwiebeln
- 60 g Butter
- 1 Ltr. Wasser oder Gemüsebrühe
- 1–1½ TL Salz oder Kräutersalz, nicht jodiert
- je 2 MS weißer Pfeffer, Muskatnuß, Muskatblüte
- 150 g Sauerrahm
- 1–2 EL Zitronensaft, 2 EL gehackte Petersilie, Estragon und Basilikum

Zubereitung: Kartoffeln gründlich bürsten, nicht schälen, würfeln, Zwiebeln in dünne Scheiben schneiden. Beides mit der halben Menge Butter andünsten, mit Flüssigkeit auffüllen, alles ca. 15 Minuten leicht kochen lassen.
Anschließend mit einem Mixstab alles sämig pürieren.
Die Suppe mit den Gewürzen, der restlichen Butter, dem Sauerrahm abschmecken. Die gehackten Kräuter zum Schluß überstreuen.
Kräutervariationen: Majoran/Thymian; Liebstöckel/Bohnenkraut/Schnittlauch.

MÖHRENCREMESUPPE MIT BUNTER EINLAGE

Zutaten:

- 500 g Möhren
- 1 Ltr. Wasser oder Gemüsebrühe
- 1 große Zwiebel mit 5–6 Nelken gespickt
- 100 g frische Erbsen (eventuell Gefrierware)
- 1–½ TL Salz
- je 2 MS Nelkenpulver, Koriander
- 2 EL Zitronensaft
- 1 EL Butter
- 2 EL Sauerrahm und 5 EL süße Sahne
- 2 EL fein gehackte Zitronenmelisse

Zubereitung: Möhren putzen, kleinschneiden, mit der nelkengespickten Zwiebel im Wasser ca. 15 Minuten garen. Die Zwiebel entfernen, die Möhrenstücke pürieren.
Erbsen der Flüssigkeit zugeben, weitere 3–5 Minuten köcheln lassen.
Mit den Gewürzen, der Butter, dem Rahm pikant abschmecken.
Auf jede Portion etwas gehackte Zitronenmelisse geben.

CHAMPIGNONSUPPE

Zutaten:

- 400 g Champignons – verzehrbarer Anteil, einige kleine Pilze als Einlage zurückbehalten
- 3 große Zwiebeln
- 4–5 EL Sonnenblumenöl zum Dünsten
- 3 EL Hartweizenvollkornmehl
- 1 Ltr. Wasser oder Gemüsebrühe
- 3 EL Sauerrahm, höchste Fettstufe
- 100 ml süße Sahne (leicht geschlagen)
- 2 EL Zitronensaft – 1 TL abgeriebene Zitronenschale (unbehandelt)
- 1–1½ TL Kräutersalz, nicht jodiert
- je 2 MS schw. Pfeffer, Muskatblüte, Paprikapulver
- 2 feste Tomaten
- frische Kräuter: 2 EL geh. Petersilie, Estragon, Pimpinelle

Zubereitung: Champignons trocken mit Kuchenpinsel säubern. Pilze blättrig, Zwiebeln in feine Scheiben schneiden, beides in heißem Öl in einer Pfanne mit Deckel einige Minuten braun dünsten (gelegentlich umrühren).
Zwiebel-Pilzgemüse aus dem Fettbad herausnehmen, in einen Topf gegen.
Hartweizenvollkornmehl überstreuen, ein wenig anrösten, mit Flüssigkeit aufgießen, einige Minuten köcheln lassen.
Mit Sauerrahm, den Gewürzen pikant abschmecken.
Zum Schluß die leicht geschlagene Sahne unterheben, die zurückbehaltenen rohen Pilze (als feine Blättchen) und die gewürfelten Tomaten als Einlage zugeben.
Mit den gehackten Kräutern überstreut servieren.

BROCCOLISUPPE

Zutaten:

300 g		Broccoli
2		mittelgroße Möhren
3		mittelgroße Kartoffeln
1 Ltr.		Wasser oder Gemüsebrühe
75 g		Sauerrahm
1 EL		Butter
1–1½ TL		Salz, nicht jodiert
2 MS		Muskatnuß

Zubereitung: Gemüse und Kartoffeln putzen, zerkleinern. Die Broccoli-Stiele können mitverwendet werden, die unteren dicken Teile u. U. schälen.
In einem ausreichend großen Topf Gemüse und Kartoffeln in 1 Ltr. Flüssigkeit 10–12 Minuten garen. Anschließend mit einem Mixstab eine sämige Konsistenz herstellen, noch einmal kurz aufkochen lassen.
Sauerrahm, Butter und Gewürze zugeben.
Variation: Anstelle von Broccoli Rosenkohl.
Im übrigen kann diese Suppe aus Gemüseresten hergestellt werden: Gemüse pürieren, einmal aufkochen lassen, würzen.

APRIKOSEN-GERSTEN-SUPPE

Zutaten:

1 Ltr.	Wasser oder Früchtetee
500 g	reife Aprikosen
1	süß-säuerlicher Apfel
1	Stück Zitronenschale, unbehandelt
50 g	Gerstenvollkornmehl
1–2 EL	Zitronensaft
1–2 EL	Honig
je 2 MS	Nelkenpulver, Vanillegewürz, Zimt
100 ml	Sahne leicht geschlagen

Zubereitung: Die halbe Menge Aprikosen und den Apfel zerkleinern, mit der Zitronenschale in Wasser bzw. Früchtetee wenige Minuten garen. Gerstenvollkornmehl einrühren und einige Minuten kochen lassen.
Danach die Zitronenschale entfernen, die Früchte mit dem Kochwasser pürieren, die restlichen Aprikosen roh pürieren oder kleinschneiden, der Suppe zugeben. Mit den übrigen Zutaten fruchtig-süß abschmecken.
Die geschlagene Sahne unterrühren. Diese Suppe schmeckt warm wie kalt.

KÜRBISSUPPE MIT INGWER

Zutaten:

700 g	Kürbis – verzehrbarer Anteil (= ca. 1 kg Bruttoware)
½ Ltr.	Wasser oder Apfeltee
2	große bzw. 3 kleine süß-säuerliche Äpfel
¼ TL	Salz, nicht jodiert
je 1 MS	Cayenne, Koriander, Piment, Nelkenpulver
	etwas geriebene Ingwerwurzel bzw. -Pulver
	abgeschälte Zitronenschale von ¼ Frucht, unbehandelt
1–2 EL	Zitronensaft
1–2 EL	Honig
	etwas ungeschlagene Sahne

Zubereitung: Kürbis schälen und würfeln, Äpfel ebenfalls würfeln, mit Wasser bzw. Apfeltee zum Kochen bringen, die Zitronenschale zufügen und 5 Minuten leicht köcheln lassen.
Zitronenschale entfernen, die Masse mit dem Mixstab pürieren.
Mit den Gewürzen leicht säuerlich-pikant abschmecken (u. U. sogar den Honig weglassen). Mit einem Schuß Sahne jede Portion verfeinern.

Variation herb: 500 g Kürbis, 2 Äpfel, 3 Kartoffeln, 2 Möhren, ½ Ltr. Wasser oder Gemüsebrühe.
Kartoffeln und Möhren ca. 10 Min. garen, erst dann zerkleinerten Kürbis und Äpfel zugeben, weitere 5 Minuten garen.
Abschmecken mit je 1 MS Cayenne, Koriander, Piment, Nelkengewürz, 1 TL Salz, Ingwerpulver, Zitronenschale und Saft einer Zitrone, 2 EL Butter, 3 EL Sauerrahm.
Mit Schnittlauchröllchen oder gehackter Petersilie abrunden.

OBSTSUPPE MIT HARTWEIZEN

Zutaten:

80 g	Hartweizenvollkornmehl
¾ Ltr.	Wasser, besser Früchtetee
3 EL	Honig
1 TL	abgeriebene Schale einer unbehandelten Zitrone
2 EL	Zitronensaft
	Vanillegewürz, Delifrut*-Gewürz
400–500 g	frisches oder gefrorenes Obst wie Erdbeeren, Himbeeren, Johannisbeeren, Brombeeren, auch Äpfel, Birnen, Aprikosen, Kirschen usw.
150 g	Sahne (leicht geschlagen)

Zubereitung: Hartweizenvollkornmehl in einen trockenen Topf geben, bei mäßiger Hitzezufuhr leicht anrösten (darren). Sobald ein würziger Duft aufsteigt, mit dem Wasser bzw. dem Früchtetee auffüllen, kurz aufkochen und zugedeckt kurze Zeit quellen lassen.
Den Honig und etwa ⅔ der Früchte mit dem Mixer pürieren, die Gewürze zugeben, alles in die abgekühlte Suppe einrühren, die restlichen Früchte zugeben.
Mit der geschlagenen Sahne verfeinert servieren.

Tipp: Die Obstsuppe sieht sehr farbenfroh mit Sommerbeeren aus und schmeckt vollfruchtig; grundsätzlich kann sie zu jeder Jahreszeit und mit allen verzehrbaren Früchten hergestellt werden.

* Delifrut-Gewürz besteht aus 7 Einzelgewürzen und eignet sich für Süßspeisen.

BROTSUPPE

Zutaten:

2 Tassen	zerbröckeltes Roggen- bzw. Weizenvollkornbrot
2 EL	Weinbeeren
2	mildsäuerliche Äpfel
1 Ltr.	Wasser bzw. Apfelsaft oder -tee
1–2 EL	Honig
2 EL	Zitronensaft
1 Stück	Zitronenschale
je 2 MS	Zimt, Nelkenpulver, Vanillegewürz, Ingwerpulver
100 ml	süße Sahne (leicht geschlagen)

Zubereitung: Brotreste zusammen mit den Weinbeeren kurze Zeit einweichen, einige Minuten mit dem Einweichwasser (Apfelsaft oder Tee) kochen lassen, Zitronenschale mitkochen, später entfernen.
Die Äpfel fein raffeln, sofort in die Suppe geben. Mit den übrigen Zutaten süß-säuerlich abschmecken.

Variante herb: Weinbeeren weglassen; 1 Apfel, 2 Möhren, 1 Stück Sellerie, 1 Stück Lauch, Kräutersalz, Butter, Sauerrahm, Kümmelpulver, Paprikapulver. Mit Pfeffer abschmecken.

Brotsuppen sind bedauerlicherweise in Vergessenheit geraten, wohl weil sie in Kriegs- und Nachkriegsjahren als Notbehelf weit verbreitet und infolge fehlender delikater Zutaten wenig geschmackvoll waren. Heute sind sie eine Köstlichkeit, zumal wenn feines Roggensauerteigbrot und Gewürze verarbeitet werden.

BANANENCREME-SUPPE

Zutaten:

- 3–4 Bananen (gut reif)
- 30 g Butter
- 2 EL Hartweizenvollkornmehl
- 1 Ltr. Wasser
- abgeriebene Schale und Saft 1 Zitrone, unbehandelt
- 75 g Sauerrahm
- 100 ml Sahne, leicht geschlagen
- $1/2$ EL Zitronenmelisse (fein gehackt)
- 1–2 Blättchen Pfefferminze
- wahlweise 100 g Sauerkirschen (entsteint)

Zubereitung: Bananen schälen, in Scheiben schneiden, in einen Topf geben und in der Butter leicht bräunen, das Vollkornmehl überstreuen, Wasser auffüllen, kurz aufkochen lassen. Mit Sauerrahm und den Gewürzen pikant abschmecken. Sahne leicht schlagen, unterheben.
Im Sommer die rohen Sauerkirschen entsteint zugeben.
Im Winter können wahlweise tiefgefrorene Obstmischungen oder Himbeeren, Erdbeeren, Brombeeren für sich genommen werden.

KARTOFFELSUPPE MIT WILDKRÄUTERN

Zutaten:

    500 g   Kartoffeln
    1¼ Ltr. Wasser oder Gemüsebrühe
    1   Stange Lauch
    2   Möhren
    1   Petersilienwurzel
    1   Stück Sellerie mit Blättern
                eine große Handvoll Brennesselspitzen, Sauerampfer, Löwenzahn, Schafgarbe
                als Küchenkräuter: Thymian oder Majoran, Basilikum, Petersilie
    2 EL   Butter
  100 ml   süße Sahne
1–1½ TL   Kräutersalz, nicht jodiert
  je 2 MS Muskatnuß und Muskatblüte

Zubereitung: Kartoffeln bürsten, kleinschneiden und mit ¼ Ltr. Wasser 10–15 Minuten kochen.

Inzwischen das Gemüse und die gewählten Wildkräuter kleinschneiden, in einem großen Topf mit der Butter dünsten.

Die fertigen Kartoffeln mit einem Kartoffelstampfer zerdrücken, zusammen mit 1 Ltr. Wasser bzw. Gemüsebrühe zu dem angedünsteten Gemüse geben, etwa 8–10 Minuten köcheln lassen.

Mit den Gewürzen und der Sahne abschmecken, mit den fein gehackten Küchenkräutern überstreut servieren.

Sossen
Süss und Herb

ZITRONEN-SAHNE-SOSSE

Zutaten:

  75 g   Sauerrahm
   5 EL süße Sahne
   3 EL Wasser
1–2 EL Sesamöl
   2 EL Zitronensaft bzw. 3 EL Orangensaft
   1 TL Akazienhonig
           frische Kräuter: Zitronenmelisse, Minze, Schnittlauch

Zubereitung: Sauerrahm, süße Sahne, Wasser und Öl miteinander verbinden, Zitronen- oder Orangensaft und Honig zugeben. Mit den zerkleinerten frischen Kräutern würzen.

KRÄUTERESSIG-SOSSE

Zutaten:

2 EL Kräuteressig
4 EL Wasser
2 EL Olivenöl
2 MS schw. Pfeffer
2 TL Tomatenmark
1 TL Senf
1 EL geh. Kräuter: Basilikum, Schnittlauch, Dill

OBSTESSIG-SOSSE

Zutaten:

2 EL Obstessig
4 EL Wasser
2 EL Haselnuß- oder Mohnöl
1 TL Akazienhonig
2 TL Apfel-Meerrettich ohne Mayonnaise
3 EL süße Sahne
1 MS weißer Pfeffer
1 EL geh. Petersilie

Zubereitung wie oben.

FRANZÖSISCHE SALATSOSSE

Zutaten:

- 3 EL Weinessig
- 5 EL Wasser
- 3 EL Sonnenblumen- oder Olivenöl
- 2 Knoblauchzehen (feinst geschnitten oder gepreßt)
- 1–2 TL scharfer Senf
- je 1 MS Kräutersalz, schw. Pfeffer
- 1 Zwiebel (feinst gehackt)
- 1–2 EL fein gehackte frische Kräuter: Petersilie, Dill, Schnittlauch, Basilikum, Borretsch

Zubereitung: Essig, Wasser und Öl zu einer Emulsion rühren, die Gewürze zugeben, sauer und scharf abschmecken.
Zwiebelwürfel, Knoblauch (kann weggelassen werden) und gehackte Kräuter unterrühren. Einen Teil der Soße über den Salat gießen, den Rest zur individuellen Bedienung separat servieren.
Diese Soße paßt zu jeder Art von Blattsalaten, Tomaten-, Gurken-, Zucchini-, Paprikagemüse, auch Blumenkohl, Weiß- und Rotkohl.
Für den Salat*teller* genügt es oftmals, lediglich den Blattsalat mit der scharfen Soße zu begießen. Andere Gemüseteile werden mit ihrem Eigengeschmack „pur" serviert.

Tipp: Soße in größerer Menge herstellen. Hält sich im Kühlschrank mehrere Tage. Blattsalat jeder Art (auch Kräuter) nach dem Waschen trockenschleudern bzw. gut abtropfen lassen. Sonst schmeckt der Salat verwässert. Es empfiehlt sich, für wenig Geld eine lange haltbare sog. Salatschleuder zu erwerben. Selbst bei Zimmertemperatur hält sich Frischkost darin im feuchten Zustand 1–2 Tage lang knackig frisch (Verdunstungskälte!).

ZITRONEN-NUSS-SOSSE

Zutaten:

- 100 ml süße Sahne
- 2 EL Sauerrahm
- 2 EL Sonnenblumenöl oder Walnuß- bzw. Haselnußöl
- 3 EL Wasser
- 2–3 EL Zitronensaft
- 2 MS abgeriebene Zitronenschale
- 1 MS weißer Pfeffer
- 2 TL Akazienhonig
- 2–3 EL fein geriebene Hasel- oder Walnüsse
- 1 EL fein gehackte Zitronenmelisse, Zitronenthymian

Zubereitung: Sahne, Sauerrahm, Öl und Wasser mit einem Handrührgerät gründlich verquirlen; während des Rührens den Zitronensaft und die übrigen Gewürze zugeben. Zum Schluß die mehlfein geriebenen Nüsse und Kräuter einrühren.

Die Soße schmeckt um so besser, je größer die zubereitete Menge ist. Die doppelte Menge könnte zubereitet und in einem Schraubglas im Kühlschrank für den nächsten Tag aufbewahrt werden.

Diese Soße paßt zu Blattsalaten, Blumenkohl, Möhren- und Selleriefrischkost, vor allem aber Salaten der „All-in-Methode".

Variation: Orangen-Mandel-Soße

Zutaten:

- 100 ml Sahne
- 2 EL Sauerrahm
- 2 EL Sesamöl oder Mandelöl
- 3 EL Wasser
- 2 MS abger. Orangenschale, unbehandelt
  Saft einer ganzen Orange
- 1 TL Akazienhonig
- 3 EL feingeriebene Mandeln
- 1 EL Schnittlauchröllchen

Zubereitung wie oben.

GRÜNE SOSSE

Zutaten:

75 g	Sauerrahm
5 EL	süße Sahne
3 EL	Sonnenblumenöl
3 EL	Wasser
1–2 EL	Zitronensaft
¼ TL	abgeriebene Zitronenschale
1–2 TL	Senf
je 2 MS	Pfeffer, Paprikapulver, Kräutersalz
1	kleine Zwiebel (feinst geschnitten)
1	milchsaure Gurke (gewürfelt)
3 EL	frisch gehackte Kräuter: Petersilie, Schittlauch, Dill, Kerbel, Kresse, Borretsch, Estragon, Pimpinelle, Zitronenmelisse o. ä.

Zubereitung: Sauerrahm, Sahne, Öl und Wasser gründlich vermengen, Zitronenschale und -saft sowie andere Gewürze zugeben, sehr würzig-pikant abschmecken. Zum Schluß die feinen Zwiebel- und Gurkenwürfel sowie die gehackten Kräuter untermengen. Die Soße kurze Zeit ziehen lassen.

Die Soße paßt zu Getreidespeisen, Kartoffelzubereitungen, Bratlingen, Nudeln, auch zu Gemüsefrischkost. Für 1–2 Tage im Schraubglas kühl aufzubewahren.

Tipp: Die klassische „Grüne Soße aus Frankfurt" verlangt mindestens 7 verschiedene Kräuter. Sind nicht alle Kräuter frisch verfügbar, kann mit Trockengewürzen ausgeholfen werden – oder Sie verzichten auf das eine oder andere Kraut, wenn es nicht verfügbar ist.

BUNTE SAUERRAHM-SOSSE

Zutaten:

100 g		Sauerrahm
100 ml		süße Sahne
5	EL	Wasser
2	EL	Sonnenblumenöl
2	MS	Kräutersalz, nicht jodiert
je 1	MS	Kümmelpulver, Paprikapulver, Delikata
1		Zwiebel (feinst geschnitten)
2–3		Radieschen (in feine Scheiben geschnitten)
1	EL	Gurkenwürfel (frisch)
1		feste Tomate (gewürfelt)
¼		rote Paprikaschote in feine Streifen geschnitten
je 1	EL	Zwiebelgrün, Schnittlauchröllchen

Zubereitung: Sauerrahm, süße Sahne, Wasser und Öl miteinander verrühren, die Gewürze zufügen, pikant, leicht scharf abschmecken.
Die fein zerteilten Gemüseteile und gehackten Kräuter untermengen.
Kräuter-Variation: Dill, Borretsch, Estragon, Basilikum, Petersilie.
Diese Soße eignet sich zu Kartoffelspeisen (Backkartoffeln!), Getreidezubereitungen, Getreide-Bratlingen und -klößen, aber auch zu Gemüsefrischkost.

MEERRETTICH-SAHNE-SOSSE

Zutaten:

100 g		Sauerrahm
4–5	EL	süße Sahne
1–2	EL	Öl
1–2	EL	Zitronensaft
½		mürber Apfel (gewürfelt)
1		kleine Zwiebel (fein geschnitten)
2	MS	Kräutersalz
1	MS	weißer Pfeffer
1–2	EL	frischer Meerrettich
1	EL	geh. Zitronenmelisse
		etwas Dill
		evtl. 1 TL Akazienhonig

Zubereitung: Sauerrahm, süße Sahne und Öl gründlich miteinander vermengen, Zitronensaft und die übrigen Gewürze zugeben, pikant-scharf abschmecken.
Diese Soße paßt zu Getreideklößchen, Nudeln, Getreidesalaten, auch zu Bratlingen, vor allem zu Kartoffelspeisen; auch zu Gemüsefrischkost.

TOMATENSOSSE

Zutaten als Familienrezept:

300 g		reife Tomaten
1	EL	Tomatenmark
1		Zwiebel (fein gehackt)
2–3		Knoblauchzehen (fein gehackt bzw. gepreßt)
75 g		Sauerrahm
5	EL	süße Sahne
2	EL	Sonnenblumenöl oder Olivenöl
1–2	TL	Zitronensaft
1	EL	Schnittlauchröllchen
½	EL	geh. Basilikumkraut
je 2	MS	weißen Pfeffer, Kräutersalz
1–2	TL	Akazienhonig

Zubereitung: Tomaten pürieren, Tomatenmark, fein gehackte Zwiebel zugeben, mit Zitronensaft, Salz, Pfeffer, Honig sehr pikant abschmecken. Diese Masse mit dem glattgerührten Sauerrahm + Sahne + Öl gründlich vermengen, Kräuter unterrühren oder einfach überstreuen.
Diese Soße paßt zu Nudelgerichten, Kartoffelspeisen, Bratlingen, Gemüsezubereitungen, aber auch zu Gemüsefrischkost (z. B. Melonen-Cocktail).

KAPERNSOSSE

Zutaten:

1 gr.		Zwiebel sehr fein schneiden
20 g		Butter
2	EL	Reismehl
½	Ltr.	Wasser oder Gemüsebrühe
2	EL	Kapern (ohne Saft)
½		Apfel, fein geschnitten
1	TL	Salz
je 1	MS	Pfeffer, Delikata
		abger. Schale und Saft ½ Zitrone
2	TL	Honig
2	EL	Sauerrahm und 2 EL süße Sahne
		Kräuter: Zitronenmelisse, Schnittlauch

Zubereitung: Zwiebel in Butter glasig dünsten. Mit Reismehl bestreuen. Mit Flüssigkeit auffüllen. Alle anderen Zutaten zugeben, kurz aufkochen. Mit Sauerrahm abrunden. Kräftig abschmecken. Paßt zu Kartoffel-, Nudeln- und Gemüsegerichten.

APFELSOSSE

Zutaten:

3		säuerliche Äpfel (Boskop, Berlepsch, Ontario)
1–2	EL	Butter
2	EL	Reismehl
½	Ltr.	Wasser
2	EL	Weinbeeren
2	EL	Sauerrahm
1		Prise Salz, nicht jodiert
1	TL	feingehackte Zitronenmelisse

Zubereitung: Äpfel in kleine Blättchen schneiden, mit etwas Butter dünsten, Reismehl überstreuen, kurz mitdünsten, mit dem Wasser auffüllen, 1–2 Minuten kochen – Weinbeeren mitziehen lassen.
Die Soße mit Rahm, Salz und Zitronenmelisse abschmecken.
Sofern die Äpfel wenig Geschmack haben, kann zusätzlich mit Orangensaft – von ½ Frucht und/oder 2 EL Sanddorn – honigsüß gewürzt werden.
Diese Soße paßt zu Nudelspeisen, Reis- und Hirsegerichten, auch zu Kartoffelspeisen.

GEMÜSESOSSE
gekocht

Zutaten als Familienrezept:

1		Porreestange
3		rote Zwiebeln
¼		Peperoni-Gewürzschote
2–3		reife Tomaten
½		Zucchini
2		Paprikaschoten rot/gelb
½		mürber Apfel
3	EL	Sonnenblumen- oder Olivenöl
1		Tasse Wasser
½–1	TL	Kräutersalz, nicht jodiert
¼	TL	Paprikapulver
je 2	MS	Pfeffer, Piment, Muskatblüte, Salbei
75	g	Sauerrahm
1–2	EL	gehackte Kräuter der Jahreszeit: Basilikum, Petersilie, Schnittlauch, Kresse o. ä.

Zubereitung: Alle Gemüse *sehr fein geschnitten,* in Öl etwas anschwitzen, 1 Tasse Wasser aufgießen, bei Minimalhitze im geschlossenen Gefäß 8–10 Minuten gardünsten lassen. Anschließend mit den Gewürzen pikant abschmecken, zum Schluß den Rahm einrühren.
Die gehackten Kräuter über die Soße streuen, gut heiß servieren.
Gemüsesoße paßt gut zu vielen Kartoffelgerichten, Getreide- und Nudelspeisen.
Entsprechend der Jahreszeit können die Zutaten variieren, auch ist Resteverarbeitung möglich.

SOSSEN-GRUNDREZEPT
herb und süß

Zutaten:

Herb:
- 125 g reife Tomaten
- 100 g weiche Butter oder weniger
- ½ TL Kräutersalz, nicht jodiert
- 1–2 TL Tomatenmark
- 1 TL Senf
- 2 MS Pfeffer
- 2 EL frische Kräuter
- 200 g gekochter Reisbrei (s. S. 53)

Süß:
- 125 g Erdbeeren, Himbeeren o. ä.
- 100 g weiche Butter
- 1–2 EL Akazienhonig
- 2–3 TL Zitronensaft
- ½ TL abger. Zitronenschale
- 200 g Gekochter Reisbrei (s. S. 53)

Zubereitung: Früchte pürieren, die Butter sowie die Gewürze und den gekochten Reisbrei zugeben, im warmen (nicht heißen) Wasserbad kurze Zeit mit dem Handrührgerät zu einer Art Emulsion rühren. Die Butter schmilzt an und verbindet sich durch intensives Rühren mit den übrigen Zutaten.
So entsteht eine sahneähnliche Zubereitung in herber oder süßer Richtung.
Herbe Soße für Salate, Gemüse- und Kartoffelgerichte, zu Bratlingen, Nudelspeisen o. ä.
Süße Geschmacksrichtung für Obstsalat oder Getreidespeisen.
Anstelle von Tomaten kann auch Senf oder Meerrettich/Apfel gewählt werden.

MANDEL-SOSSE
süß und herb

Zutaten:

süße Richtung
- 50 g   Mandeln, enthäutet
- 1 EL   Mandelmus
- 100 g   gekochter Reisbrei (s. S. 53)
- 100 g   Wasser
- 2 EL   Zitronensaft
- 1–2 EL   Honig
- 2 EL   püriertes Obst: Äpfel, Birnen, Ananas, Pflaumen, Aprikosen, Pfirsiche

herbe Richtung
- 50 g   Mandeln, enthäutet
- 1 EL   Mandelmus
- 100 g   gekochter Reisbrei
- 100 g   Wasser
- 1 TL   Zitronensaft
- $1/2$ TL   Kräutersalz
- 2 TL   fein geh. Kräuter: Schnittlauch, Petersilie, Basilikum, Kresse
- 2 TL   fein geschnittene Zwiebel

Zubereitung: Mandeln mit kochendem Wasser überbrühen bzw. kurz darin ziehen lassen, pellen. Anschließend im Mixer sehr fein zerkleinern. Mandelmehl und Mandelmus mit gekochtem Reisbrei, Wasser und den jeweiligen Gewürzen gründlich verquirlen (Handrührgerät), sehr würzig abschmecken.

WARME GETREIDESPEISEN

GETREIDE-SALAT

Zutaten:

150 g Dinkelkörner
300 g Wasser
  2 feste Tomaten
  1 große Zwiebel
  1 kleine grüne Paprikaschote
  1 mürber Apfel
  3 milchsaure Gürkchen

Marinade:

  3 EL Kräuteressig
  3 EL Öl
  3 EL Wasser
1½ TL Kräutersalz, nicht jodiert
je 2 MS Pfeffer, Paprikapulver, Kümmelpulver
1–2 EL grüne Pfefferkörner
1–2 EL fein gehackte Kräuter wie Kresse, Schnittlauch, Petersilie

Zubereitung: Dinkelkörner einige Stunden (oder über Nacht) einweichen, später mit dem Einweichwasser zum Kochen bringen, bei Minimalhitze 50–60 Minuten köcheln lassen. Inzwischen Gemüse zerkleinern und die Marinade mit den vorgeschlagenen Zutaten herstellen. Sobald die Dinkelkörner gar und etwas abgekühlt sind, mit dem zerkleinerten Gemüse und der Marinade vermengen.
Die Speise 1 Stunde ziehen lassen, später etwas nachwürzen.
In einer Glasschüssel mit gehackten Kräutern bestreut servieren.

Variation: An Stelle von Dinkel können Nacktgerste, Einkorn, Kamut und Hartweizen gewählt werden.

HAFER-OBSTSALAT

Zutaten:

150 g Sprießkornhafer
300 g Wasser
500 g Obst der Jahreszeit – möglichst bunte Mischung – auch Gefrierobst
        Saft und abgeriebene Schale $1/2$ Zitrone
2–3 EL Honig (je nach Säuregrad der Früchte)
je 2 MS Vanille und Zimtgewürz
150 ml steifgeschlagene Sahne

Zubereitung: Hafer mit Wasser einige Stunden einweichen, mit dem Einweichwasser ca. 30 Minuten leise köcheln lassen.
Inzwischen das Obst zerkleinern, Sahne schlagen.
Lauwarme Haferkörner mit den Gewürzen und dem kleingeschnittenen Obst vermengen.
Den Getreide-Obstsalat in eine Glasschale füllen mit der steif geschlagenen Sahne servieren.
Anstelle der gekochten Hafer-Körner könnten auch Hafer-Keimlinge genommen werden. Dann zählt die Speise zu den Frischkorngerichten.

WEIZENSPEISE SÜSS

Zutaten:

- 150 g   Weizenschrot, grob
- 500 ml Wasser
- 1   Prise Salz
- 2 EL   Honig
- 2 MS   abger. Zitronenschale
- 2 EL   Zitronensaft
- 1   mürber Apfel, gerieben
- 2 EL   Sauerrahm
- 5 EL   süße Sahne

Zubereitung: Weizenschrot nach dem Mahlen in einem trockenen Topf bei mäßiger Hitzezufuhr wenige Minuten leicht anrösten (darren), bis es würzig, leicht malzig duftet. Das kalte Wasser unter Rühren zugießen, ca. 2 Minuten schwach kochen, ohne Hitzezufuhr kurze Zeit quellen lassen.

Die Speise mit den restlichen Zutaten leicht süß-säuerlich abschmecken; sie kann warm oder kalt serviert werden. Anstelle des Apfels eignen sich natürlich andere Früchte der Jahreszeit.

Wer's mag, könnte einige geschnittene Mandeln oder Nüsse überstreuen und die Sahne separat (geschlagen) dazureichen.

Variation:

GERSTENSPEISE SÜSS

Zutaten:

- 150 g   Gerstenschrot, grob, aus Nacktgerste
- 500 ml Wasser
- 1   Prise Salz
- 2 EL   Honig
- 250 g   frische Aprikosen
- 1 EL   Butter
-         Zitronensaft nach Geschmack

Zubereitung wie oben.

HAFERSPEISE SÜSS

Zutaten:

150 g	Nackthafer, grob geschrotet oder geflockt
500 ml	Wasser
1	Prise Salz
2 EL	Honig
1	Orange
1 EL	Butter oder 5 EL Sahne

Zubereitung: Den frisch geschroteten bzw. geflockten Nackthafer mit dem kalten Wasser verrühren, zum Kochen bringen, dabei ständig rühren, damit die Speise nicht ansetzt. Nach kurzem Aufkochen den Topf von der Kochplatte nehmen, im geschlossenen Gefäß etwa 5 Minuten nachquellen lassen.
Inzwischen die Orange schälen, würfeln und zusammen mit den Gewürzen sowie der Butter bzw. der Sahne der Haferspeise zugeben; leicht süß-säuerlich abschmecken.
Im erkalteten Zustand wird die Speise fest, für „Fortgeschrittene" kann sie durchaus als Dessert gelten.

Variation:

HAFERSPEISE PIKANT

Zutaten:

100 g	Nackthafer, grob geschrotet oder geflockt
500 ml	Wasser

Soße:

100 g	Sauerrahm
1	Banane
1	Zwiebel
1 TL	Salz bzw. Kräutersalz, nicht jodiert
$\frac{1}{4}$ TL	Curry
je 1 MS	Koriander, Nelken, Paprika gemahlen
3 EL	gehackte Mandeln
2 EL	Schnittlauchröllchen

Zubereitung: Das Getreide wie vorstehend kochen und ausquellen lassen.
In den Sauerrahm die gemuste Banane, die kleingeschnittene Zwiebel sowie die Gewürze geben, glattrühren, mit der Haferspeise vermengen, sehr pikant abschmecken.
Zum Schluß die gehackten Mandeln sowie die Schnittlauchröllchen überstreuen.

HIRSESPEISE
Grundrezept

Zutaten:

150 g	Hirsekörner
350 g	Wasser
1	Stück Zitronenschale, unbehandelt
1–2 EL	Butter

Süß: 1–2 EL Honig, Zitronenschale, Zitronensaft, Vanillegewürz, Zimt, Delifrut, Nelkenpulver und 300 g Obst der Jahreszeit, ggfs. zerkleinert.

Herb: $1/2$ TL Salz oder mehr, Paprikapulver, Currypulver, Pfeffer, Muskatblüte, Muskatnuß u. a., frisch geh. Kräuter der Jahreszeit: 300 g Gemüse zerkleinert, z. B. Zwiebeln, Paprikaschoten, Zucchini, Lauch, Tomaten, Radieschen.

Zubereitung: Hirsekörner 2–4 Stunden mit dem Wasser einweichen, danach zum Kochen bringen. Die Kochplatte nach 5–8 Minuten auf „Null" stellen, denn die restliche Wärme reicht aus, die Hirsekörner zu garen. Nach weiteren 10 Minuten Quellzeit ist die Flüssigkeit voll aufgesogen.

Voraussetzung: Deckel nicht öffnen und Hirse nicht rühren. Die Zitronenschale kann mitziehen. Nach dem Kochen Butter und Gewürze der gewählten Richtung – süß oder herb – zugeben, Obst oder Kräuter sowie Gemüse im rohen Zustand kleingeschnitten unterheben.

Für die lockere Beschaffenheit ist es wichtig, daß so wenig wie möglich in der gegarten Hirse gerührt wird. Das heißt zerkleinertes Obst oder Gemüse und die jeweiligen geschmacksgebundenen Zutaten auf einmal zugeben und nur kurz unterheben oder einfach nur übereinander schichten.

Variation:

BUNTE HIRSESPEISE HERB

Zutaten:

200 g	Hirse
600 ml	Wasser
1 TL	Salz oder Kräutersalz
2 EL	Butter
1	kleine Zwiebel
3–4	Radieschen
½	Paprikaschote rot
½	Paprikaschote grün
	ein Stück Lauch oder Zwiebelgrün
2 EL	gehackte Kräuter

Zubereitung: Hirse wie oben beschrieben einweichen, garen und quellen lassen. Inzwischen das Gemüse sehr fein schneiden, zusammen mit der Butter und den Gewürzen zu der gegarten Hirse geben, alle Teile rasch vermengen, anrichten, mit den gehackten Kräutern bestreuen.

REISSPEISE MIT FRÜCHTEN

Zutaten:

150 g	Langkorn-Naturreis
500 ml	Wasser
1	Prise Salz
2 EL	Honig
2 EL	Zitronensaft
1	Stück Zitronen- oder Orangenschale, unbehandelt
je 2 MS	Vanillegewürz und Zimt
2 EL	Butter
	oder 100 ml Sahne
200 g	Obst der Jahreszeit: Erdbeeren, Kirschen, Pflaumen, Birnen o. ä.

Zubereitung: Die Reiskörner mit dem kalten Wasser 2–4 Stunden oder auch über Nacht einweichen. Dann mit dem Einweichwasser und dem Stück Zitronen- bzw. Orangenschale zum Kochen bringen. Die Kochplatte nach 10–15 Minuten auf Stufe Null stellen, die restliche Hitze reicht aus, die vorgeweichten Reiskörner zu garen.
Sofern nicht gerührt und der Deckel nicht geöffnet wird, ist nach etwa 10 Minuten die Flüssigkeit voll aufgesogen und der Reis gar. Zitronen- oder Orangenschale entfernen, die

Gewürze, Butter und zerkleinertes Obst zugeben, kurz unterheben. Nicht unnötig rühren, sonst entsteht ein unansehnlicher Brei.
Die Speise kann warm oder kalt serviert werden.

Variation (Reisauflauf): Gegarten, abgeschmeckten Reis zur Hälfte in eine Auflaufform füllen, als Zwischenschicht das zerkleinerte Obst füllen, den restlichen Reis obenauf geben. Mit ca. 50 g zerkleinerten Nüssen oder Mandeln etwas Sauerrahm, etwas Semmelbrösel und Butterflöckchen abschließen. 20–25 Minuten bei 200 °C im Ofen überbacken.

Variation:

REISSPEISE MIT KRÄUTERN

Zutaten:

150 g	Langkorn-Naturreis
500 ml	Wasser
1 TL	Salz bzw. Kräutersalz, nicht jodiert
1	Zwiebel mit 5–6 Nelken gespickt
1	kl. Stange Lauch
1 kl.	Apfel
2 EL	Butter
3 EL	gehackte Kräuter: z. B. Schnittlauch, Thymian, Liebstöckel, Basilikum, Zwiebelgrün

Zubereitung: Zunächst wie vorstehend Reis einweichen, garen, quellen lassen.
Die nelkengespickte Zwiebel entfernen. Gewürze, zerkleinertes Gemüse vorsichtig unterheben, kräftig abschmecken, gehackte Kräuter überstreuen und warm servieren.

MAISSPEISE SÜSS

Zutaten:

150 g	Polenta Feinstufe
500 ml	Wasser
1	Prise Salz
1	Apfel
1	Orange
2 EL	Honig
2 EL	Butter, leicht gebräunt

Zubereitung: Maisgrieß ins kochende Wasser geben, bei geringster Hitzezufuhr etwa 5 Minuten kochen lassen – immer wieder rühren. Ohne Hitzezufuhr die Speise kurze Zeit nachquellen lassen.
Inzwischen die Früchte würfeln, der Speise zufügen, mit Salz und Honig kräftig abschmecken. Evtl. mit etwas Zitronensaft abrunden.
Die leicht gebräunte Butter über die Maisspeise gießen, warm servieren.

BUNTE HIRSESPEISE SÜSS

Zutaten:

200 g	Hirse
600 ml	Wasser
1	Prise Salz
1	dicke Zitronen- oder Orangenscheibe, unbehandelt
2 EL	Zitronensaft
2 EL	Honig
2 EL	Butter
150–200 g	Obst der Jahreszeit

Zubereitung: Hirse mit der angegebenen Wassermenge 2–4 Stunden einweichen. Danach mit dem Einweichwasser zum Kochen bringen. Die Kochplatte nach 5–8 Minuten auf Stufe Null stellen; die restliche Hitze reicht aus, die vorgeweichten Hirsekörner zu garen. Die Zitronen- oder Orangenscheibe mitziehen lassen.
Möglichst zu keinem Zeitpunkt rühren, auch nicht den Deckel öffnen. Nach weiteren 10 Minuten Quellzeit ist die Flüssigkeit voll aufgesogen, und die Hirsekörner sind gar. Die Zitronen- bzw. Orangenscheibe entfernen. Gewürze und Butter vorsichtig mit 2 Gabeln unterheben, denn die Speise soll nicht breiig werden, sondern eher körnig bleiben.
Hirse in eine flache Schüssel füllen, in eine Mulde das bunte Obstgemisch schichten. Die Speise kann warm und kalt verspeist werden.

REISPFANNE MIT GEMÜSE

Zutaten:

150	g	Langkornreis
350–400	g	Wasser
1	TL	Kräutersalz
300–500	g	(verzehrbarer Anteil) Gemüse: Möhren, Sellerie, Blumenkohl, Broccoli, Petersilienwurzel, Zwiebeln, Paprikaschoten, Tomaten, Zucchini, Rosenkohl, Grünkohl und Lauch
2	EL	Butter
je 2	MS	Muskatblüte, Paprikapulver, Pfeffer; 2 EL gehackte Kräuter der Jahreszeit

Zubereitung: Reis mit dem Wasser in einer großen Pfanne (mit Deckel) bzw. einem flachen Topf 2–4 Stunden (oder über Nacht) einweichen.

Die vorgeschlagenen und vorhandenen Gemüse (gute Resteverwertung) kleinschneiden, auf dem ungekochten Reis verteilen, entweder in Schichten oder als Gemisch.

Deckel aufsetzen, zum Kochen bringen, mit der geringsten Hitzezufuhr ca. 15 Minuten köcheln lassen – nicht umrühren, 10 Minuten auf der Kochstelle ohne Hitzezufuhr nachquellen lassen.
Kurz vor dem Anrichten die Gewürze überstreuen, die zerlassene Butter übergießen und mit gehackten Kräutern servieren.

Tipp: Die Reispfanne eignet sich ausgezeichnet als schnelles Gericht für Berufstätige: Der Reis kann (vorher eingeweicht) zusammen mit den zerkleinerten Gemüsen bereitstehen. Das fertige Essen kann mittags oder abends innerhalb von 25 Minuten auf dem Tisch stehen – gerade genug Zeit, um noch eine Frischkost herzurichten.

PILZ-SPAGHETTI

Zutaten:

250	g	Hartweizen-Vollkorn-Spaghetti
500	g	Zuchtpilze (z. B. Champignons, Austernpilze) blättrig schneiden
3		Zwiebeln fein geschnitten
		Öl zum Dünsten
½		Packung gefrorene junge Erbsen (ca. 125–150 g)
2	EL	Hartweizenvollkornmehl
1		Tasse Wasser
		abgeriebene Schale und Saft von 1 Zitrone, unbehandelt
100	g	Sauerrahm
1	EL	Butter
1–1½	TL	Kräutersalz, nicht jodiert
je 2	MS	Delikatagewürz, schwarzer Pfeffer
2	EL	feingehackte Petersilie, etwas Basilikum

Zubereitung: Die Spaghetti nach Anweisung kochen. In der Zwischenzeit Pilze zusammen mit den Zwiebeln in ausreichend Sonnenblumenöl dünsten – im geschlossenen Gefäß geht es schneller. Nur die letzten Minuten offen dünsten, dann setzt schnell der leichte Röstprozeß ein.
Das Pilzgemüse kurz aus dem Fettbad heben, das Bratöl abgießen, Gemüse zurückfüllen, Vollkornmehl überstreuen, kurze Zeit mitdünsten lassen, mit Wasser auffüllen, die Gefriererbsen zugeben, einige Minuten mitkochen. Mit den Gewürzen, dem Rahm, der Butter sowie gehackten Kräutern pikant abschmecken.
Die Vollkorn-Spaghetti in einer großen, flachen Schüssel anrichten; in eine Mulde wird dann das Pilz-Ragout-fin gegeben.
Anstelle von Nudeln können natürlich genausogut Kartoffeln, Reis und Hirse gereicht werden.

Tipp: Das Nudelkochwasser nicht wegschütten, sondern für Gemüsegerichte, Soßen, Eintöpfe o. ä. verwenden. Bei diesem Rezept z. B. als „Wasser" für das o. g. Pilz-Ragout-fin.

VOLLKORNSPÄTZLE MIT GERÖSTETEN ZWIEBELRINGEN UND GEMÜSESOSSE

Zutaten:

250 g	Vollkornspätzle (Fertigware, ohne Eier)
½ Ltr.	Wasser
½ TL	Salz
2–3	Zwiebeln
	Öl zum Rösten
2 EL	gehackte Kräuter: Petersilie, Schnittlauch
	Gemüse-Soße siehe Rezept Seite 98

Zubereitung:
Es ist sinnvoll, zuerst die Gemüse-Soße entsprechend dem Rezept Seite 98 vorzubereiten.
In das kochende Salzwasser die Spätzle geben. Bei kleinster Hitzezufuhr innerhalb von 7–10 Minuten die Nudeln gar ziehen lassen, einige Male umrühren. Es bleibt nur ganz wenig oder gar kein Kochwasser mehr übrig, das weggeschüttet werden müsste. Die fertigen Spätzle später in einer flachen Schüssel anrichten.
Während der Kochzeit können die Zwiebelringe geröstet werden. Ausreichend Öl in einer Pfanne erhitzen, die dünnen Zwiebelringe (oder Halbringe) darin goldbraun rösten. Aus dem Fettbad herausnehmen und auf die Spätzle verteilen; mit gehackten Kräutern bestreut servieren.
Die Gemüse-Soße sollte separat gereicht werden.

Tipp: Doppelte Menge Spätzle kochen und in den nächsten Tagen Nudelsalat daraus vorbereiten (s. S. 113).

NUDELSALAT

Zutaten:

250 g	Hartweizen-Vollkornnudeln (Hörnchen, Spätzle oder andere kleine Nudeln eignen sich am besten)
½ Ltr.	Wasser
½ TL	Salz
3 EL	Essig
4 EL	Sonnenblumenöl
1 TL	Kräutersalz, nicht jodiert
je 2 MS	Pfeffer und Paprikapulver
1–2 TL	Senf, wahlweise Tomatenmark
2–3 EL	gehackte Kräuter wie Schnittlauch, Basilikum, Petersilie
	½ rote, ½ gelbe, ½ grüne Paprikaschote
3–4	Radieschen oder kleine Rettiche
	etwas Lauch von Frühlingszwiebeln, 1 Zwiebel
2–3	kleine Gewürzgurken
125 g	junge Erbsen
1	Tomate oder anderes Gemüse nach Wahl

Zubereitung: Nudeln in ½ Ltr. kochendem Salzwasser bei kleinster Hitze garen; in ein großes Sieb schütten und abtropfen lassen.
In einer großen Arbeitsschüssel aus allen anderen Zutaten eine Marinade herstellen, scharf-würzig abschmecken.
Kräuter, Zwiebel, Gemüse sowie Gewürzgurken fein schneiden bzw. hacken, zusammen mit den Erbsen (u. U. unaufgetaut) und den Nudeln in der Marinade gründlich vermengen.
Den Salat ungefähr 1 Stunde durchziehen lassen.

APFEL-PFANNKUCHEN

Zutaten für 3–4 große Gebäckstücke:

150 g	Hartweizen
2 EL	Leinsaat oder Sesam
300 g	Flüssigkeit – davon 100 g Sahne
20 g	Butter
½ TL	Salz, nicht jodiert
1–2 EL	Honig
je 2 MS	Vanillepulver, Zimt- und Nelkenpulver
2	mürbe Äpfel
	etwas Zitronensaft
	Öl zum Braten

Zubereitung: Hartweizen und Leinsaat bzw. Sesam fein mahlen, in der Flüssigkeit ca. 30 Minuten quellen lassen. Anschließend flüssige Butter und Gewürze einrühren.
Die Äpfel vom Kernhaus befreien, dünne Lochscheiben schneiden, mit etwas Zitronensaft beträufeln, damit sie nicht dunkel anlaufen.
In einer Pfanne ausreichend Öl bei mäßiger Hitzezufuhr aufheizen, soviel Teig in die Pfanne fließen lassen, bis der Pfannenboden dünn bedeckt ist. Die Unterseite des Pfannkuchens knusprig-braun backen lassen.
Kurz vor dem Wenden (das geht am besten mit 2 sog. Küchenfreunden) 3 oder 4 Apfelscheiben in den Teig drücken. Vorsichtig wenden und die andere Seite braun backen lassen.
Zum Servieren wieder zurückdrehen, damit die mit Apfelscheiben belegte Pfannkuchenseite oben ist.
Anstelle eines großen Pfannkuchens können natürlich pro Bratgang 4–5 kleine „Plinsen" mit jeweils 1 Apfelscheibe ausgebacken werden.

Tipp: Zwischen dem Ausbacken der einzelnen Pfannkuchen kleine Teigreste mit einem Pfannenwender herausfischen, um ein Anbrennen zu vermeiden.

Variation: An Stelle von Hartweizen 150 g Kamut verwenden.
Leinsaat oder Sesam durch Amaranth ersetzen.
Butter gegen 1 EL Sauerrahm austauschen.

PFANNKUCHEN „EXTRA FEIN"

Zutaten für 4 große oder entsprechend viele kleine Kuchen:

150	g	Dinkel oder Hartweizen
75	g	Gemisch aus Mandeln, Sesam und Sonnenblumenkernen
300	g	Wasser
1–1½	TL	Kräutersalz, nicht jodiert
		weitere Gewürze nach Geschmack: Thymian, Salbei oder Rosmarin, auch Liebstöckel, Muskatblüte, Pfeffer
1		große Zwiebel, feingehackt
3	EL	frische Kräuter der Jahreszeit (blattweise auch Wildkräuter)
		Öl zum Backen

Zubereitung: Getreide fein mahlen, mit dem Wasser verrühren und ca. 30 Minuten quellen lassen.
Die Ölsaaten im Mixer mehlfein zerkleinern, zu dem Getreidebrei geben. Gewürze, Kräuter sowie die zerkleinerte Zwiebel unterrühren.
Der Teig sollte zäh-fließend sein, u. U. mit etwas Wasser die Konsistenz korrigieren.
Mit einer Suppenkelle jeweils 2 Portionen in die mit Öl erhitzte Pfanne fließen lassen. Bei mäßiger Hitzezufuhr von beiden Seiten goldbraune Pfannkuchen ausbacken. Auf einer angewärmten Glas- oder Porzellanplatte servieren.
Dazu paßt gedünstetes Gemüse, Kartoffelpüree, Kartoffelsalat oder einfach Brot.

Tipp: Dünn ausgebacken – frisch aus der Pfanne schmecken diese Bratlinge am besten. In 2 Pfannen zugleich zu backen, wäre also günstig.
Soll die Zubereitung schnell gehen, kann der Teig am Morgen zubereitet und in den Kühlschrank gestellt werden.
Die lange Quellzeit ist eher zuträglich als nachteilig.

HAFER-BRATLINGE MIT WIRSING

Zutaten:

100 g	Hafer	⎫
50 g	Hartweizen	⎬ mischen
1 EL	Buchweizen	⎮
2 EL	Leinsaat	⎭
200 g	Wasser	
2 EL	zerlassene Butter	
125 g	Wirsingkohl (feinst geschnitten)	
1	kleine Zwiebel (fein geschnitten)	
1 TL	Salz/Kräutersalz, nicht jodiert	
je 2 MS	Muskatblüte, Kümmel und Pfeffer	
	Öl zum Backen	

Zubereitung: Hafer, Hartweizen, Buchweizen und Leinsaat, zusammen in der Getreidemühle fein mahlen.

Das Getreide mit dem Wasser, den Gewürzen, dem zerkleinerten Kohl sowie der Zwiebel für ca. 30 Min. einweichen.

Zum Schluß die zerlassene Butter in den Teig rühren, u. U. mit 3 EL Wasser die Konsistenz korrigieren, eher fließend als zäh.

Ausreichend Öl in einer Pfanne erhitzen, 5–6 kleine Bratlinge pro Bratvorgang goldbraun ausbacken.

Die Bratlinge schmecken am besten, wenn sie dünn und knusprig geraten und sofort nach dem Backen verzehrt werden.

HARTWEIZEN-BRATLINGE MIT SONNENBLUMENKERNEN

Zutaten:

150 g	Hartweizen
2 EL	Buchweizen
300 g	Flüssigkeit – davon 100 g Sahne
50 g	Sonnenblumenkerne (im Mixer püriert)
1 TL	Salz
1 MS	Pfeffer, Paprikapulver, Kümmel
1	Zwiebel (feingeschnitten)
1	kleine Zucchini (feingeschnitten)
	Öl zum Backen

Zubereitung: Hartweizen und Buchweizen fein mahlen, mit der Flüssigkeit und den pürierten Sonnenblumenkernen ca. 30 Minuten einweichen. Danach das Salz, die zerkleinerte Zwiebel sowie Zucchini zugeben, würzig abschmecken.
Vor dem Zerkleinern können die Sonnenblumenkerne einige Minuten in einer trockenen Pfanne bei mäßiger Hitzezufuhr leicht geröstet werden, dabei entsteht ein aparter Geschmack, der sich natürlich auch in den Bratlingen wiederfindet.
In heißem Fett je Bratvorgang 5–6 kleine Küchelchen goldbraun-knusprig ausbacken.

Tipp: Die Bratlinge passen zu Kartoffel- und/oder Gemüsespeisen. Übriggebliebene Teile können kalt, auch anderntags, als Brotbelag serviert werden.

REISKLÖSSCHEN AUF APFELSCHEIBEN

Zutaten:

2	mürbe Äpfel
100 g	Naturreis, Langkornreis
125 g	Flüssigkeit – $1/2$ Anteil Sahne, $1/2$ Anteil Wasser
50 g	fein geriebene Haselnußkerne
50 g	Butter
1	kleine Zwiebel, fein geschnitten
$1/2$ TL	Salz, nicht jodiert
je 2 MS	Curry- und Paprikapulver, Basilikum, schwarzer Pfeffer
1	kleine Dose Tomatenmark
2 EL	Schnittlauchröllchen

Zubereitung: Reis in der Getreidemühle zu Mehl mahlen, im trockenen Topf leicht anrösten (darren). Sobald würziger Duft aufsteigt, mit der Flüssigkeit auffüllen, kräftig rüh-

ren, einmal aufkochen und einige Minuten quellen lassen. Der Teig ist in dieser Phase sehr fest.
In die noch lauwarme Reismasse die im Mixer fein zerriebenen Nüsse, die weiche Butter, Zwiebel, Tomatenmark und Gewürze einrühren, sehr pikant abschmecken. Zum Schluß die zerkleinerten Kräuter zugeben.
Die Äpfel vom Kernhaus befreien, 8–10 gleichmäßig dicke Lochscheiben schneiden, mit etwas Zitronensaft beträufeln, in einer flachen Auflaufform anordnen.
Aus dem Reisteig ebenfalls 8–10 Klöße im Ø von ca. 4 cm rollen, auf jede Apfelscheibe einen Kloß legen.
Mit wenig Butter oder Öl die belegten Apfelscheiben bei 200 °C etwa 15 Minuten im Ofen überbacken.
Dieses Gericht paßt zu Kartoffel- und Nudelspeisen.

ZWIEBEL-BRATLINGE

Zutaten:

- 75 g Hartweizen ⎫
- 25 g Dinkel ⎪
- 25 g Gerste ⎬ mischen
- 25 g Hafer ⎪
- 2 EL Leinsaat ⎭
- 300 g Flüssigkeit – davon 100 g Sahne, 200 g Wasser
- 20 g flüssige Butter
- 1 TL Salz, nicht jodiert
- je 2 MS Muskatblüte, Paprikapulver, Kümmel, schwarzer Pfeffer
- 2 große Zwiebeln
- 1 Stück Lauch oder Zwiebelgrün fein schneiden
- 1 kleiner, mürber Apfel
- 2 EL Schnittlauchröllchen
- Öl zum Backen

Zubereitung: Das Getreidegemisch einschl. Leinsaat fein mahlen und mit der Flüssigkeit ca. 30 Minuten einweichen.
Anschließend die Gewürze, die flüssige Butter, die sehr fein geschnittenen Zwiebeln und andere Teile zugeben, pikant abschmecken.
In ausreichend heißem Öl kleine Bratlinge knusprig-braun ausbacken.

HARTWEIZEN-KLÖSSCHEN
– als Suppeneinlage –

Zutaten als Familienrezept:

- 125 g Hartweizen-Grieß
- 150 g Flüssigkeit (halb Wasser, halb Sahne)
- 50 g Butter
- 1 EL Mandelmus
- ½ TL Salz, nicht jodiert
- 2 MS Muskatblüte
- 1 TL Zitronensaft, etwas abgeriebene Zitronenschale (unbehandelt)

Grieß selbst hergestellt:
175 g Hartweizen mittelfein schroten. Mahlgut in ein Haarsieb geben, und die mehlige Substanz – ca. ⅓ Anteil – aussieben. Dieses Mehl kann anderweitig für Soßen, Suppen oder auch Gebäcke verarbeitet werden. So bleiben wir wieder im „Vollkorn".
Nach dem Aussieben bleiben die harten Kornbestandteile zurück = unser Grieß, *ca. 125 g.*

Zubereitung der Klößchen:
Flüssigkeit, Butter, Mandelmus und Gewürze in einen flachen Topf geben, erwärmen, bis die Butter geschmolzen ist. Sodann Hartweizengrieß auf einmal zugeben. Bei mäßiger Hitzezufuhr ca. 2 Minuten lang ständig rühren, bis sich ein zusammenhängender Kloß im Topf bildet, der nach außen hin glänzend erscheint. Damit ist der Teig fertig „abgebrannt".
Im warmen Zustand mit 2 Löffeln Nockerln abstechen bzw. zwischen den Handflächen Klößchen rollen.
Die Klößchen kurz in der siedenden Flüssigkeit ziehen lassen.

Variation:
Klößchen als Beilage zu Gemüsespeisen: Die „abgebrannten" Klößchen auf einer feuerfesten Platte (oder in einer Auflaufform) 10 Minuten bei ca. 150 °C überbacken.

Tipp: Hartweizen zeichnet sich durch einen hohen Anteil und beste Qualität sog. Kleber-Eiweiße, genannt Glutene, aus. Mit Hartweizen ist es darum möglich, ohne die sonst bindende Eigenschaft von Eiern und Quark z.B. Klößchen, Nudeln ohne Ei, Mürbeteig u. a. in guter Qualität herzustellen

GRÜNKERN-KLÖSSCHEN
als Suppeneinlage

Zutaten:

- 100 g Grünkern
- 1 EL Leinsaat
- 100 g Hartweizengrieß aus 150 g Hartweizen (Zubereitung s. S. 121)
- 100 g Butter
- 100 ml Sahne
- 1 TL Kräutersalz, nicht jodiert
- ¼ TL Muskatblüte
- 2 MS Muskatnuß
- 2 MS Delikatagewürz, Paprikapulver

Zubereitung: Grünkern zusammen mit Leinsaat fein mahlen, mit Grieß und Gewürzen mischen.
In einem großen flachen Topf Butter und Sahne erwärmen, bis die Butter aufgelöst ist, sodann das Getreide zugeben, bei mäßiger Hitzezufuhr ständig rühren (ca. 2 Minuten), bis sich ein Kloß bildet, der sich glänzend und etwas dunkler zeigt und sauber vom Topfboden löst.
Den Teig etwas abkühlen lassen, u. U. nachwürzen; beliebig große oder kleine Klöße formen.

Tipp: Auch als Füllung für Paprikaschoten und Kohlrouladen geeignet.

HAFER-RAHMKLÖSSCHEN

Zutaten:

- 100 g Sprießkornhafer (Nackthafer)
- 80 g Hartweizengrieß aus 120 g Hartweizen (Zubereitung s. S. 121)
- 20 g Amaranth
- 100 g Sauerrahm
- 100 g Wasser
- 1 TL Salz, nicht jodiert

Zubereitung: Hafer und Amaranth zusammen sehr fein mahlen und mit dem Grieß vermengen. Dieses Gemisch mit Wasser, Sauerrahm und Salz zu einem festen Teig rühren. Der Teig sollte ca. 20–30 Minuten quellen.
Zwischen nassen Händen Klößchen rollen.
Auf eine feuerfeste Platte oder in flache Auflaufform geben. Im Ofen bei 150 °C 10–15 Minuten überbacken.
Als Beilage zu Gemüse – im Ganzen gegart – gut geeignet.

MAISBÄLLCHEN

Zutaten:

200 g	Maisgries fein	} 15 Minuten einweichen
600 g	Wasser	
50 g	Butter	
1–1½ TL	Kräutersalz, nicht jodiert	
2 MS	Bohnenkraut, Basilikum, Thymian, Kümmelpulver	
1–2	Zwiebeln	
2 EL	Zwiebelgrün	
1	kleines Stück von einer Peperoni	} zerkleinern
1–2	feste Tomaten	
1	Stück Paprikaschote	

Zubereitung: Eingeweichten Maisgrieß unter ständigem Rühren 5–7 Minuten kochen. Nachquellen lassen.
Alle anderen Zutaten unterheben, kräftig würzen. Mit einem Ausformgerät für Eiskugeln Bällchen auf eine vorgewärmte Platte geben.
Dazu paßt Kartoffelpüree mit Tomatensoße (siehe Seite 97).

GEMÜSE-ZUBEREITUNGEN

GEFÜLLTE ZUCCHINI

Zutaten:

- 4 Zucchini, mittelgroß
- 300 g Mohrrüben, würfeln
- 1 Zwiebel würfeln
- 1 Knoblauchzehe feinschneiden
- 100 g Mandeln
- 3 EL Öl
- 3 EL Butter
- ½ TL Kräutersalz
- ¼ TL schwarzer Pfeffer

Zubereitung: Zucchini halbieren, Fruchtfleisch zur Hälfte entfernen.
Zwiebeln mit Mohrrüben und Zucchinigemüse in Öl dünsten und bißfest garen.
Mit allen anderen Zutaten sehr würzig abschmecken.
Zucchini mit Gemüsemasse füllen.
In gefettete Auflaufform legen, mit Butterflöckchen bestreuen.
Backen: 20 Minuten im vorgeheizten Ofen bei 180 °C.
Beilage Reis.

SELLERIE IN KRÄUTERTEIG

Zutaten:

500 g		Sellerieknolle
$1/2$ Ltr.		Wasser
$1/2$ TL		Selleriesalz + $1/2$ TL Salz, nicht jodiert
100 g		Hartweizen,
2 EL		Leinsaat
100 g		Wasser
100 g		Sauerrahm
1 El		Mandelmus
1 EL		feingeh. Petersilie + Sellerieblatt
		Öl zum Backen

Zubereitung: Sellerieknolle putzen, im Salzwasser ca. 25 Minuten bißfest garen, dann ca. 1 cm dicke Scheiben schneiden, gut abtropfen lassen.
Pfannkuchenteig: Hartweizen und Leinsaat fein mahlen, mit Wasser, Sauerrahm, Mandelmus, Gewürzen und Kräutern vermengen. 30 Minuten quellen lassen.
Ausreichend Öl in eine große Pfanne geben, mäßig erhitzen, 4–5 abgetropfte Selleriescheiben in den dickflüssigen Teig tauchen, in das heiße Fett geben.
Von beiden Seiten einige Minuten goldbraun backen lassen.
Auf einer vorgewärmten Platte zu Kartoffelpüree servieren.

GEMÜSEPFANNE

Zutaten:

500–750 g	frisches Gemüse der Jahreszeit: Möhren, Sellerie (Knolle und Blatt), Petersilienwurzel, Kohlrabi, Blumenkohl, Broccoli, Paprikaschoten, Lauch, Wirsingkohl, Rosenkohl, Pastinaken, Zwiebeln, Zucchini usw.
1 TL	Kräutersalz, nicht jodiert
40 g	Butter
2 EL	gehackte Kräuter
1	Tasse Wasser

Günstig ist eine große Pfanne mit Deckel.

Zubereitung: Gemüse grob zerkleinern und sortenweise in die trockene Pfanne schichten. Es macht sich farblich hübsch, wenn Blumenkohl oder Broccoli als großes Teil in der Mitte und die anderen Sorten kranzförmig angeordnet werden. Pfanne nicht überladen, maximal mit dem Rand abschließen.
Nun 1 Tasse Wasser zugießen, den Deckel aufsetzen und das Gemüse schnell zum Kochen bringen. Sobald sich starker Dampf zeigt, kann auf Minimalhitze gedrosselt und der Deckeldrehknopf auf „zu" gestellt werden.
Etwa 15 Minuten dünsten lassen; Deckel während des Garens nicht öffnen, auch nicht rühren.
Vor dem Anrichten Kräutersalz überstreuen, die etwas aufgelöste Butter übergießen, in der Pfanne mit Kräutern überstreut servieren.

GEMÜSESPIESSE

Zutaten:

Pro Person: 1–2 Spieße, ca. 15–20 cm lang
Paprikaschoten im Farbspiel, feste Tomaten, halbierte Pilze,
dicke Scheiben Kartoffeln, mürbe Apfelstücke, Ananasstücke,
Möhrenstücke, Selleriestücke, Blumenkohlröschen, Broccoliröschen
Rosenkohl halbiert, Zucchinischeiben
Butter/Öl zum Beträufeln
Kräutersalz, nicht jodiert
Buttersoße
Sauerrahm

Zubereitung: Gemüse putzen und im Wechsel eine bunte Reihe auf Metallspieße ziehen.
In einem geschlossenen Gefäß dünsten, z. B. in einer großen Pfanne mit Deckel.
Zu Beginn und mehrmals zwischendurch die Spieße mit Öl bzw. Butter bepinseln, damit
die Gemüse nicht austrocknen.
Bratdauer: ca. 30–35 Minuten bei 200 °C.
Die fertigen Spieße auf einer Platte servieren, mit Kräutersalz bestreuen.
Eine Buttersoße, kalte Tomatensoße oder einfach Sauerrahm sowie Butterreis als Beilage passen gut dazu.

GEMÜSE-PILZ-RAGOUT

Zutaten:

2		Zwiebeln
je 100	g	Zucchini, Paprikaschoten, Lauch
250	g	Zuchtpilze
1		mürber Apfel
3–4	EL	Olivenöl
1–1½	TL	Kräutersalz, nicht jodiert
je 1	MS	Rosmarin, Salbei, Thymian, Pfeffer, Basilikum
150	g	Sauerrahm
2	EL	frische Kräuter der Jahreszeit

Zubereitung: Gemüse grob schneiden, Pilze blättrig.
Alle Teile in eine Pfanne (mit Deckel) bzw. einen Bratentopf geben. In Öl andünsten. Bei geringer Hitzezufuhr, ca 15 Minuten garen.
Gewürze und Sauerrahm zugeben, pikant abschmecken.
Mit frischen Kräutern bestreut zu Kartoffel-, Reis-, Hirse- oder Nudelspeisen servieren.

BOHNENSALAT

Zutaten:

150 g	rote Kidney-Bohnenkerne
300 g	Wasser
1 TL	Kräutersalz, nicht jodiert
2 MS	weißer Pfeffer, Bohnenkraut, Thymian
2–3 EL	Rotweinessig
3–4 EL	Sonnenblumen- oder Olivenöl
2	Zwiebeln
1	Paprikaschote
2	Tomaten
2	Salatblätter
2 EL	Schnittlauchröllchen

Zubereitung: Bohnenkerne einige Stunden – oder über Nacht – einweichen. Mit dem Einweichwasser 45 Minuten garen.
Im warmen Zustand mit den Gewürzen, dem Essig und Öl sowie den kleingeschnittenen Zwiebeln, Paprikaschote, Tomaten vermengen.
Der Salat sollte 2–3 Stunden durchziehen können.
Auf Salatblättern anrichten – mit Schnittlauchröllchen überstreut servieren.

BUNTES GEMÜSE ÜBERBACKEN

Zutaten:

500 g	Rosenkohl, geputzt
300 g	Möhren
200 g	süß-säuerliche Äpfel, kleingewürfelt
3	Zwiebeln, feine Ringe schneiden
	Öl zum Braten
1–1½ TL	Kräutersalz, nicht jodiert
2 MS	Muskatblüte
3 EL	Sauerrahm
	Semmelbrösel
2 EL	Butter

Zubereitung: Rosenkohl ganz lassen, Möhren in 1 cm dicke Scheiben schneiden, mit wenig Wasser ca. 10 Minuten dünsten.
Inzwischen die Zwiebeln in Öl knusprig rösten, aus dem Fettbad herausnehmen.
In eine Auflaufform etwa die halbe Menge des gedünsteten Gemüses geben, etwas Kräutersalz und Muskatblüte überstreuen.

Auf das Gemüse einen Teil der Apfelstücke plus geröstete Zwiebeln geben. Die Schichtung noch einmal wiederholen, mit Apfelstücken und Zwiebeln abschließen.
Sauerrahm gleichmäßig darüber verteilen, Semmelbrösel überstreuen, Butterflöckchen aufsetzen.
Backen: bei 200°C etwa 20–25 Minuten.
Zu dem bunten Gemüse paßt sehr gut „Kartoffelpüree" (s. S. 152).
Variante: Sollten gerade einige Getreidebratlinge als Rest vorhanden sein, ließen sich davon Würfel oder Streifen schneiden, die zwischen die Gemüselagen geschichtet werden.

SOMMER-GEMÜSE-SCHLEMMERTOPF

Zutaten:

	1	Kohlrabiknolle mit Blättern
	1	Bund junge Möhren (ca. 200 g)
ca. 200	g	zarte Bohnen
ca. 200	g	zarte Zuckererbsenschoten
	1	kleiner Blumenkohl
	3 EL	Butter
1–1½	TL	Salz, nicht jodiert
	2 EL	geh. frische Petersilie
	2	Tassen Wasser

Zubereitung: Kohlrabi lediglich von evtl. holzigen Stellen befreien, dicke Streifen schneiden, die Blätter ebenfalls zerkleinern.
Möhren sauber bürsten, im Ganzen belassen, ebenso die Bohnen und Zuckererbsenschoten.
Blumenkohl in kleine Röschen teilen.
Alle Gemüse bunt mengen, in einen flachen, breiten Topf geben, 2 Tassen Wasser zugeben, Deckel gut schließen. Das Gemüse zum Kochen bringen, Deckel nicht öffnen. Die Hitzezufuhr sofort auf Minimalstufe zurückschalten, gesamte Garzeit 15–20 Minuten.
Das fertige Gemüse in einer flachen Schüssel anrichten, Salz überstreuen, die zerlassene Butter übergießen, die gehackten frischen Kräuter überstreuen.
Neue Kartoffeln, als Pellkartoffeln zubereitet, passen vorzüglich zu dem Schlemmertopf.

AUSTERNPILZE IN KRÄUTERRAHM

Zutaten:

350–400	g	Austernpilze
400	g	Gemüse: Lauch, Paprikaschoten, Auberginen, Möhren und Fenchelknolle – allein oder gemischt
2–3		Zwiebeln
3	El	Sonnenblumenöl
2	El	Butter
2	EL	Sauerrahm
1–1½	TL	Kräutersalz, nicht jodiert
2	MS	Pfeffer, Paprikapulver
je 2	EL	gehackte Kräuter (z. B. Petersilie, Schnittlauch, Basilikum)

Zubereitung: Gemüse grob zerkleinern (harte Gemüse wie Fenchel und Möhren feiner schneiden), kleine Austernpilzhüte ganz lassen, große halbieren, Zwiebeln in dünne Scheiben schneiden.

Öl in einen Bratentopf geben, Pilze und Gemüse zufügen, andünsten. Eventuell mit 1 Tasse Wasser ergänzen. Bei kleinster Hitzezufuhr das Gemüse im geschlossenen Gefäß etwa 15 Minuten gardünsten.

Butter, Sauerrahm, Gewürze und Kräuter zugeben, fein abschmecken.

Hierzu passen: Frische Pellkartoffeln, auch Bratkartoffeln, Kartoffelpüree und Butternudeln.

Variation: Anstelle von Austernpilzen einfach Champignons nehmen.

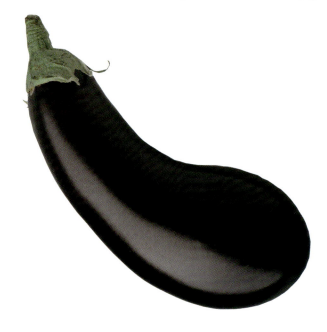

FENCHELGEMÜSE

Zutaten:

- 2 mittelgroße Fenchelknollen
- 6 mittelgroße Möhren
- 2 Gemüsezwiebeln
- ¼ Ltr. Wasser
- 1 TL Kräutersalz, nicht jodiert

für die Rahmsoße:

- ¼ Ltr. Gemüsekochwasser
- 150 g Sauerrahm
- 1 EL Butter
- 2 MS Kräutersalz
- 2 MS Fenchelpulver, Koriander
  Fenchelkraut und Schnittlauchröllchen als frische Kräuter

Zubereitung: Fenchelknollen putzen, evtl. halbieren, zartes Fenchelkraut zurückbehalten. Möhren putzen, evtl. längs halbieren.

Das Gemüse in einer Pfanne (mit Deckel) bzw. einem Topf mit ¼ Ltr. Wasser ca. 15–20 Minuten dünsten. Anschließend mit Kräutersalz, den Gewürzen abschmecken, mit Butter und frischen Kräutern abrunden.

Soßenzutaten mit Schneebesen in Gemüsebrühe einrühren. Mit Sauerrahm abrunden. Pikant würzen.

Dazu passen Kartoffel-, Nudel- und Reisspeisen.

Variation:

LAUCHGEMÜSE

Zutaten:

500 g	Lauch
2	große Zwiebeln
200 g	Zuchtpilze
¼ Ltr.	Wasser
1 TL	Kräutersalz

für die Rahmsoße:

¼ Ltr.	Gemüsekochwasser
75 g	Sauerrahm
1 EL	Butter
2 MS	Kräutersalz
je 2 MS	Basilikumpulver, Currypulver
2 EL	geh. Kräuter: Schnittlauch, Petersilie, Zitronenmelisse

Zubereitung: wie oben beschrieben.

GEFÜLLTE KOHLWICKEL

Zutaten:

8–10	Kohlblätter vom Wirsing, Weißkohl oder Spitzkohl	
150 g	Hartweizen	
30 g	Leinsaat	fein mahlen
2 EL	Buchweizen	
100 ml	Sahne	
75 ml	Wasser	
20 g	Butter	
1 TL	Kräutersalz, nicht jodiert	
	Pfeffer, Paprikapulver, Kümmel, Majoran	
1	Zwiebel	
$1/2$	rote Paprikaschote	
2 EL	geh. Kräuter (z. B. Petersilie, Schnittlauch, Majoran)	
	Öl zum Braten	
$1/2$	Becher Sauerrahm für die Soße	

Zubereitung: Die dicken Rippen der Kohlblätter flachschneiden, Blätter u. U. blanchieren. Je nach Größe pro Kohlwickel 2–3 Blätter vorsehen.

Für die Füllung: Sahne, Wasser, Butter sowie die Gewürze in einen flachen Topf geben, erwärmen. Das Vollkornmehlgemisch zugeben, bei ständigem Rühren und mäßiger Hitzezufuhr den Teig „abbrennen". Der Vorgang ist abgeschlossen, sobald sich der Teig absolut vom Topfboden löst, dunkler und glänzend erscheint.
In den Teig die feinst geschnittenen Zwiebeln, Paprikaschote und gehackten Kräuter einarbeiten, pikant abschmecken.
Jeweils etwa 2 EL Teigmasse auf die Kohlblätter geben, gut einwickeln, mit Faden oder Klammern die Wickel zusammenhalten.
Öl in eine große Pfanne bzw. Bratentopf geben, die Wickel hineinlegen, im geschlossenen Topf bei mäßiger Hitzezufuhr von allen Seiten leicht anrösten lassen. 2 Tassen Wasser auffüllen, bei Minimalhitze 25 Minuten dünsten lassen. Die fertigen Kohlwickel von Fäden, Klammern usw. vorsichtig befreien, auf eine Platte legen, warmstellen.
Den Sud mit einem Rest der Füllung verrühren, pikant abschmecken, mit $1/2$ Becher Sauerrahm verfeinern.
Dazu passen Pellkartoffeln, Kartoffelpüree, auch Reis und Hirse.

ROTKOHL-ROULADEN

Zutaten:

    4   große oder 8 kleine Rotkohlblätter

Füllung:

- 1 altes Vollkornbrötchen
- 50 g Grünkern
- 1 EL Buchweizen ⎫
- 2 EL Hartweizen ⎬ fein mahlen
- 2 EL Sesam ⎭
- 100 g Zuchtpilze
- 1 Zwiebel
- ½ mürber Apfel
- 30 g Butter
- 1 TL Kräutersalz
- je 2 MS Delikata, Nelkenpulver, Majoran
- Öl zum Braten

Soße:

Bratensud mit 1 TL Wacholderbeeren, Salz, ½ Becher Sauerrahm, evtl. 1 TL Honig abschmecken.

Zubereitung: Die Kohlblätter wie vorstehend (S. 137) vorbereiten. Getreide und Sesam fein mahlen, mit eingeweichtem Vollkornbrötchen vermengen.
Pilze, Zwiebel und Apfel zerkleinert, Butter aufgelöst zugeben. Mit den Gewürzen pikant abschmecken.
Weitere Zubereitung wie bei gefüllte Kohlwickel auf Seite 137 beschrieben.

SELLERIE-APFEL-GRATIN

Zutaten:

500	g	Kartoffeln	⎫ jeweils
300	g	Sellerieknolle	⎬ verzehrbarer
200	g	Äpfel	⎭ Anteil

- 1–1½ TL Selleriesalz, nicht jodiert
- 1 MS Pfeffer
- 3 EL Sauerrahm
- 2 EL Butter
- Semmelbrösel
- 2 EL Petersilie und Sellerieblatt (fein gehackt)
- 100 g Hafervollkornmehl
- 75 g Butter
- 75 g Wasser
- ½ TL Salz
- MS Muskatblüte, Delikata, Kümmel

Zubereitung: Kartoffeln und Sellerie bürsten, zusammen mit wenig Wasser in der Schale garen.

Inzwischen Butter und Wasser mit Gewürzen in eine Kasserolle geben, bei mäßiger Hitze erwärmen. Das Hafervollkornmehl zugeben, bei ständigem Rühren den Teig leicht „abbrennen". Der Vorgang ist abgeschlossen, wenn sich der Teig etwas dunkler und glänzend zeigt. Unter Umständen etwas nachwürzen.

Dieser Haferteig ist als Zwischenlage von Kartoffel und Gemüse gedacht.

Die gekochten Kartoffeln und die Sellerieknolle pellen, in feine Scheiben bzw. Streifen schneiden, die rohen Äpfel gleichermaßen.

Eine Auflaufform mit der halben Menge Kartoffeln, Sellerie und Äpfel füllen – etwas Selleriesalz und Pfeffer überstreuen. Nun folgt der Haferbrandteig. Mit den restlichen Kartoffelscheiben, Sellerie- und Apfelstreifen wird abgeschlossen. Wieder Gewürze aufstreuen. Sauerrahm gleichmäßig obendrüber verteilen, mit Semmelbrösel bestreuen, Butterflöckchen aufsetzen.

Backen: Im Ofen etwa 25–30 Minuten bei 200 °C überbacken. Den Auflauf mit gehackten Kräutern bestreut servieren.

SAUERKRAUT-KARTOFFEL-GRATIN

Zutaten:

600 g		Kartoffeln
500 g		Sauerkraut aus dem Faß
1/4 Ltr.		Wasser
1		Zwiebel
1	TL	Salz, nicht jodiert
2	TL	Kümmelkörner
3	EL	Sonnenblumenöl

Grünkernfüllung:

20 g		Butter
150 g		Sahne – halb süße, halb Sauerrahm
1/2	TL	Kräutersalz, nicht jodiert
je 2	MS	Delikatagewürz, Muskatblüte, schw. Pfeffer
100 g		Grünkernmehl
2	EL	gehackte Kräuter (z. B. Schnittlauch, Majoran, Petersilie)

Zubereitung: Kartoffeln als Pellkartoffeln garen, abziehen, in Scheiben schneiden. Sauerkraut (evtl. etwas zerschneiden) mit dem Wasser und der zerkleinerten Zwiebel bei Minimalhitze ca. 20 Minuten kochen lassen. Anschließend mit knapp 1 TL Salz und Kümmel würzen. Öl dazugeben.
Butter, Sahne und Gewürze in einer Kasserolle erwärmen, sobald die Butter aufgelöst ist, das Grünkernmehl zugeben, solange rühren, bis der Teig dunkler wird, sich glänzend zeigt und leicht vom Boden löst. Kräftig würzen. Zum Schluß gehackte Kräuter zugeben.
Eine feuerfeste Form füllen: halbe Kartoffelmenge, etwas Kräutersalz überstreuen.
Es folgt die Hälfte des gewürzten Sauerkrauts, dann ca. 1/2 Anteil Grünkernmasse.
Die zweite Schicht in der Reihenfolge wiederholen – mit Grünkernmasse abschließen.
Backen: 25–30 Minuten bei 200 °C.
Ein deftiges Winteressen!

LINSEN-EINTOPF

Zutaten:

250 g	grüne Linsen (Tellerlinsen)
750 g	Wasser
1 kl.	Stange Lauch
3	Möhren
1	Stück Sellerieknolle
1–2	Petersilienwurzeln
300 g	Kartoffeln
1½ TL	Salz, nicht jodiert
¼ TL	Majoranpulver
2 MS	Pfeffer, Kümmelpulver
2 EL	Butter
3–4 EL	frische Kräuter, fein gehackt (z. B. Petersilie, Schnittlauch, Majoran oder Oregano)
2 EL	Kräuteressig

Zubereitung: Linsen einige Stunden bzw. über Nacht mit dem Wasser einweichen. Das zerkleinerte Gemüse sowie die (ausnahmsweise) geschälten, gewürfelten Kartoffeln auf die eingeweichten Linsen geben. Alles zum Kochen bringen. Bei Minimalhitze im gut schließenden Topf 30 Minuten köcheln lassen.
Mit Salz, Gewürzen, Butter und frischen Kräutern das Eintopfgericht gut würzen. Essig nach Geschmack zugeben.

Tipp: Es gibt eine große Vielfalt an Linsen. Sie unterscheiden sich in der Farbe, ihren Kocheigenschaften und ihrem Geschmack. Auf der Packung ist meistens die Kochzeit vermerkt.
Für alle Sorten gilt, sie einige Stunden einzuweichen. Dadurch wird die Kochzeit erheblich verkürzt.

Eintopfgerichte – besonders solche mit Hülsenfrüchten – sind ein wenig aus der Mode gekommen. Dabei können es sehr schmackhafte, gut sättigende, sehr preiswerte Alltagsspeisen sein, vor allem mit den uns stets verfügbaren feinen Zutaten.

PAPRIKA – UNGARISCH

Zutaten:

500 g	Paprikaschoten (farblich gemischt)
1	Gemüsezwiebel bzw. 3 normale Zwiebeln
2	Knoblauchzehen
1	kleines Stück Peperoni
1	große Lauchstange
2	Fleischtomaten
3 EL	Olivenöl
1	Tasse Wasser
150 g	Sauerrahm
2 TL	Kräutersalz, nicht jodiert
je 1 MS	Paprikapulver, Cayenne, Curry
3 EL	fein gehackte Kräuter (Petersilie, Schnittlauch, Basilikum, Thymian)

Zubereitung: Paprikaschoten, grob zerteilt, in eine große Pfanne geben, Zwiebeln, Knoblauchzehen, Peperoni, Lauch und Tomaten zerkleinert zugeben, Öl und 1 Tasse Wasser draufgießen. Deckel aufsetzen, die Pfanne anheizen.
Zeigt sich starker Dampf, auf Minimalhitze zurückschalten, 15 Minuten garen.
Danach speisefertig würzen und mit den gehackten Kräutern bestreut servieren.
Butterreis, Butterhirse, Butternudeln, Kartoffel passen zu Paprikagemüse.

Kartoffelgerichte

KÜMMEL-KARTOFFELN
– „Bircher-Kartoffeln" –

Zutaten:

    1 kg   mittelgroße Kartoffeln mit Schale
    1 TL   Kräutersalz, nicht jodiert
    1 TL   Kümmel (ganz)
 4–5 EL   Sonnenblumen- oder Olivenöl

Zubereitung: Kartoffeln gründlich bürsten und abtrocknen, der Länge nach halbieren. Jede Hälfte mit der angeschnittenen Seite in ein Öl-Salz-Kümmel-Gemisch tauchen. Mit der gewürzten Schnittfläche auf ein gefettetes Backblech setzen. Das restliche Öl-Gewürz-Gemisch großzügig auf die Kartoffeln pinseln.
Backen: Etwa 40 Minuten bei 200 °C.
Im Heißluftherd besteht die Tendenz zum Austrocknen aller Gebäcke. Darum ist es ratsam, von Anfang an Pergamentpapier aufzulegen.
Zu den Kümmel-Kartoffeln paßt jede Gemüse-Frischkost bzw. zahlreiche Gemüsezubereitungen, auch Getreide-Bratlinge.

Tipp: Dieses Rezept geht offenbar auf den großen Schweizer Arzt Dr. med. Max Bircher-Benner zurück. Bereits vor einigen Jahrzehnten wurde in der „Bircher-Klinik" am Zürichberg vegetarische vollwertige Kost gereicht. Bircher-Benner verdanken wir die klinische Erfahrung, daß Frischkost „Heilkost" ist.

FOLIEN-KARTOFFELN

Zutaten:

Pro Person 2–3 mittelgroße Kartoffeln
Öl oder Butter zum Bepinseln
Salz, nicht jodiert
Pergamentpapier

Zubereitung: Die Kartoffeln gründlich bürsten und abtrocknen, einige Male kreuz und quer einritzen. 2–3 oder mehr Kartoffeln auf 2 Blätter Pergamentpapier legen, mit Öl einpinseln. Die Kartoffelreihe in das Pergamentpapier einwickeln, auf ein trockenes Backblech legen. Ein Haushaltsbackblech faßt ca. 5–6 Reihen.
Backen: 40–50 Minuten bei 200 °C als geschlossene Hülle; 5–10 Minuten mit geöffneter Pergamenthülle zum leichten Anbräunen. Durch Einstechen prüfen, ob alle Kartoffeln gar sind. Die Kartoffeln lose in einer Schüssel servieren, mit Salz bestreuen. Die Kartoffelschalen sind grundsätzlich verzehrbar.
Tomaten-, Gemüse- oder Bunte Rahm-Soße z. B. passen gut zu den Folienkartoffeln.

Tipp: Folien-Kartoffeln werden vielfach – danach heißen sie ja auch – in Haushalts-Alufolie gebacken. Folienherstellung ist energie- und materialaufwendig. Hinzu kommt, daß ein zweiter oder gar mehrmaliger Gebrauch der Haushaltsfolie aus hygienischen Gründen nicht in Frage kommt. Darum das Angebot, „Folien-Kartoffeln" in Pergamenthüllen zu backen – kein gewachstes Pergamentpapier verwenden – es geht gut!

Vitalstoffverluste durch Kochen von Kartoffeln

a) geschält
Vitamin C = 32 % Verlust
Vitamin B1 = 16 % Verlust

b) ungeschält
Vitamin C = 14 % Verlust
Vitamin B1 = 4 % Verlust.

Ein weiterer erheblicher Verlust an Mineralstoffen tritt ein, wenn geschälte Kartoffeln mit viel Wasser als sog. Salzkartoffeln zubereitet werden. Die wasserlöslichen Mineralien werden weitgehend mit dem Kochwasser weggeschüttet. – Analog trifft dies auch für Gemüsezubereitungen zu.

KARTOFFELRÖSTI

Zutaten:

Pro Person 3 mittelgroße Kartoffeln
Öl zum Braten
Kräutersalz
frische Kräuter (fein gehackt)

Zubereitung: Kartoffeln sauber bürsten, mit der Schale grob raffeln, in ein Küchentuch geben, damit die Flüssigkeit aufgesogen wird.
Ausreichend Öl (Sonnenblumen- oder Olivenöl) in einer Pfanne mäßig erhitzen, die geraffelten Kartoffeln gleichmäßig über den Pfannenboden verteilen. Die Menge von 3 Kartoffeln füllt eine normale Haushaltspfanne gerade aus.
Mit aufgesetztem Deckel ca. 4–5 Minuten dünsten. Zwischendurch 1–2mal Dampf abziehen lassen und dabei mit einem „Küchenfreund" lose Teile an den Rand drücken, so daß ein glatter, runder Puffer entsteht.
Ist die Unterseite gut gebacken, läßt sich der Bratling mit 2 Küchenfreunden leicht wenden. Jetzt noch einmal mit aufgesetztem Deckel 2–3 Minuten backen lassen.
Rundherum goldbraun-knusprig gebacken aus dem Fettbad heben und auf einem angewärmten Teller servieren. Mit Kräutersalz und fein gehackten, frischen Kräutern bestreuen.
Dazu passen viele Gemüsezubereitungen – auch eine knackige Frischkost. Bei mehreren Personen Kartoffelrösti in 2 Pfannen zugleich herstellen.

GEBACKENE KARTOFFELSTÄBCHEN
– Pommes frites –

Zutaten:

Pro Person 2–3 Kartoffeln (= Salatware)
Sonnenblumen- oder Olivenöl zum Backen
grobes Salz zum Bestreuen

Zubereitung: Kartoffeln als Pellkartoffeln ca. 10 Minuten kochen, sie sollen noch recht fest sein. Abpellen, und einzeln durch eine Stäbchenquetsche geben oder mit einem scharfen Messer zu möglichst gleichmäßigen Streifen schneiden.
Inzwischen in einer großen Pfanne – oder in 2 Pfannen zugleich – reichlich Öl mäßig erhitzen. *Kleine Partien* der Kartoffelstäbchen einige Minuten in dem heißen Öl rösten lassen, bis sie goldbraune Stellen zeigen. Mit einem Schaumlöffel aus dem Fettbad herausheben, auf eine Platte schütten, mit grobem Salz bestreuen.
Die restliche Kartoffelmenge zügig backen; nach 3–4 Durchgängen Öl erneuern.

Tipp: Nach dem Prinzip der vitalstoffreichen Vollwertkost ist die übliche Pommes frites-Bereitung (in einer Fritteuse) nicht empfehlenswert. Es ist um die große Menge naturbelassenen Öls einfach zu schade, die eine Fritteuse benötigt. Andererseits soll der Einsatz des üblichen Fabriköls gemieden werden.
Die hier vorgeschlagene Zubereitungsform ist ein sinnvoller Kompromiß.

KARTOFFELPUFFER
– mit geraffelten Äpfeln –

Zutaten:

600 g		Kartoffeln (mehlige Sorte)
1		Zwiebel
½–1	TL	Salz, nicht jodiert
3	EL	Hartweizen
1	EL	Sesam
2	EL	Sauerrahm
20 g		zerlassene Butter
		Öl zum Braten

Zubereitung: Kartoffeln sauber bürsten, mit der Schale fein reiben. Zwiebeln und Äpfel ebenfalls fein reiben, alles schnell verrühren.
Hartweizen und Sesam fein mahlen, zu dem Kartoffelteig geben, mit Salz, Sauerrahm und der zerlassenen Butter vermengen. Mindestens 15 Minuten quellen lassen (gut zudecken).
Ausreichend Sonnenblumen- bzw. Olivenöl in der Pfanne erhitzen, 3–4 kleine Puffer gleichzeitig von beiden Seiten goldbraun-knusprig ausbacken. Geübte „Pfannenschwenker" backen tellergroße Puffer!
Wichtig für ein gutes Ergebnis sind: Ausreichend Öl, richtige Brattemperatur, und nicht zu viel Teig, damit die Puffer dünn ausgebacken werden können. Besser in 2 Pfannen zugleich backen.

Tipp: Die Puffer schmecken bereits pur gut. Als Verfeinerung *Apfelmus in Sahne* dazureichen: Apfelmus, halb gekocht, halb roh, mischen, mit Zitronensaft, Honig, Zimt, Vanillegewürz abschmecken, mit geschlagener Sahne verfeinern.

KARTOFFELPUFFER-PARTY

Zutaten:

1000	g	Kartoffeln oder mehr (mehlige Sorte)
1	TL	Salz, nicht jodiert
50	g	Hartweizen ⎫ fein mahlen
2	EL	Leinsaat ⎭
4	EL	Sauerrahm
30	g	zerlassene Butter
		Öl zum Braten

Als „Einlage" wahlweise: Äpfel, Ananas, Pilze, Paprikaschoten, Zwiebeln, fein gehackte Kräuter.

Zubereitung: Kartoffeln sauber bürsten, mit der Schale fein reiben, Salz, Sauerrahm, zerlassene Butter und fein gemahlenes Hartweizen-Leinsaat-Gemisch unterrühren. Den Teig gut zugedeckt ca. 15 Minuten zum Quellen stehen lassen.
In der Zwischenzeit: Äpfel raffeln, mit Zitronensaft beträufeln; Apfelscheiben schneiden (ohne Kernhaus), ebenfalls mit Zitronensaft beträufeln; Ananasscheiben; blättrig geschnittene Pilze; Paprikaschoten, bunte Mischung, sehr fein geschnitten; Zwiebelringe; Kräutermischung.
Möglichst in 2–3 Pfannen zugleich Puffer backen, pfannenfrisch können sie dann verspeist werden.
Der Teig ist neutral, auf den jeweiligen einseitig gebackenen großen oder kleinen Puffer kann nach Belieben (und Vorhandensein) allerhand von den aufgeführten Zutaten aufgelegt und leicht eingedrückt werden. Der Puffer wird dann vorsichtig gewendet. Ist er auch von der zweiten Seite gut durchgebacken, kann er zurückgedreht und mit der gerösteten Füllung nach oben serviert werden.
Mit dem Grundteig können Sie mehrere Sorten fruchtig oder pikante Kartoffelpuffer servieren.
Wichtig: Teiglinge möglichst dünn ausbacken, damit sie innen auch gar sind.

KARTOFFELN MIT BÉCHAMEL-SOSSE

Zutaten:

750 g   Kartoffeln (festkochende Sorte)

Soße:

- 30 g   Butter
- 40 g   Hartweizenvollkornmehl
- 1   große Zwiebel (fein gewürfelt)
- 1/2 Ltr.   Flüssigkeit (mit 100 g Sahne-Anteil)
- 75 g   Sauerrahm
- 1 TL   Salz, nicht jodiert
- je 2 MS   Muskatblüte, Zitronenmelisse, Zitronenpfeffer
- 2 TL   Zitronensaft

Zubereitung: Kartoffeln mit wenig Wasser in der Schale garen.
Während der Kochzeit die Soße bereiten:
In einer Kasserolle Butter auflösen, Zwiebelwürfel darin dünsten. Das Vollkornmehl überstreuen, kurze Zeit erhitzen. Mit der kalten Flüssigkeit auffüllen, 1–2 Minuten köcheln lassen. Die Soße würzen, Sauerrahm unterrühren.
Die fertig gekochten Kartoffeln abgießen, heiß abpellen. Entweder als Pellkartoffeln zu der Soße reichen, oder in Scheiben geschnitten in der Soße servieren. Im zweiten Fall die Soße gegebenenfalls stärker würzen.

Tipp: Bei der „Béchamel-Soße" handelt es sich ursprünglich um eine Soße aus Butter, weißem Mehl, wenig Zwiebeln, Gewürzen und Milch, mit oder ohne Kalbfleischeinlage, benannt nach dem Marquis de Béchamel, Haushofmeister Ludwig XIV. Die spätere Form der „Béchamel-Kartoffeln", besonders während der Kriegszeiten, war nicht mehr ganz so fein, sondern eher ein guter Sattmacher. Heute können wir mit vollwertigen Zutaten eine köstliche vollwertige Speise à la Béchamel herstellen.

TOMATEN-KARTOFFELN
als Eintopfgericht

Zutaten:

3–4 EL		Sonnenblumen- oder Olivenöl
2–3		Zwiebeln
1		grüne Paprikaschote
500 g		Fleischtomaten
1		kleines Stückchen Peperoni
750 g		Kartoffeln
½ Ltr.		Wasser oder Gemüsebrühe
1½ TL		Salz/Kräutersalz, nicht jodiert
¼ TL		Paprikapulver
2 MS		Pfeffer, Basilikumpulver
3 EL		frische, feingehackte Kräuter: Schnittlauch, Petersilie, Basilikum
3 EL		Sauerrahm

Zubereitung: In einen entsprechend großen Topf das Öl geben. Zerkleinerte Zwiebeln und Paprikaschote darin andünsten, gewürfelte Kartoffeln einige Minuten mitdünsten, das Wasser zugießen. Zum Schluß die zerkleinerten Tomaten hinzufügen.
Im geschlossenen Gefäß ca. 12–15 Minuten köcheln lassen. Die Teile sollten bißfest bleiben.
Mit Gewürzen, frischen Kräutern und Sauerrahm pikant abschmecken.

KARTOFFELSALAT

Zutaten:

- 1 kg Kartoffeln (Salatware)
- 1 Tasse heißes Wasser
- 2 mittelgroße Zwiebeln (kleingeschnitten)
- 2 milchsaure Gurken
- 4–5 Partytomaten
- 3 EL Kräuteressig
- 4 EL Sonnenblumen- oder Olivenöl
- 1–1½ TL Salz, nicht jodiert
- 1 TL Senf
- 2 MS Pfeffer
- 3 EL gehackte Kräuter: Petersilie, Schnittlauch, Dill, Zwiebelgrün, Basilikum u.ä.

Zubereitung: Kartoffeln in der Schale garen, noch heiß abpellen und in Scheiben schneiden, in eine große Arbeitsschüssel geben, 1 Tasse heißes Wasser zugießen.

In einer separaten kleinen Schüssel Essig, Öl und Gewürze gut vermengen, die kleingeschnittenen Zwiebeln und Gemüse sowie Kräuter zugeben.

Diese angereicherte Marinade mit den heißen Kartoffelscheiben vermengen, etwas durchziehen lassen, u. U. nachwürzen.

Den Kartoffelsalat lauwarm oder kalt servieren. Ein Rest schmeckt auch am nächsten Tag noch gut.

KARTOFFELSPEISE, GANZ SCHNELL

Zutaten:

- 1 kg Kartoffeln (mehlige Sorte)
- 2 Zwiebeln, scheibenweise in Öl knusprig geröstet
- 3 EL gehackte Kräuter der Jahreszeit
- 2–3 EL Butter
- 1 kleiner mürber Apfel
- 1–1 1/2 TL Kräutersalz, nicht jodiert

Zubereitung: Kartoffeln in der Schale weichkochen, sofort abpellen. Anschließend die Kartoffeln nacheinander in einer Kartoffelquetsche zu „Schnee" quetschen.

Die halbe Menge in eine Auflaufform füllen (lose, nicht drücken oder rühren). Darauf die gerösteten Zwiebeln geben, etwas Kräutersalz und fein gehackte frische Kräuter überstreuen.

Jetzt folgt die zweite Kartoffelschicht, darauf wieder Kräutersalz und restliche frische Kräuter. Aus dem Apfel kleine Schnitzel schneiden, mit den Butterflöckchen als Abschluß obenauf verteilen.

Backen im Ofen: Etwa 15 Minuten bei 200 °C.

Das Überbacken dient mehr dem Wiederaufwärmen, weil durch die Prozedur des Quetschens die Speise abkühlt.

Variation: Als Zwischenlage können gedünstete Gemüse/Pilze (ähnlich den Zwiebeln) eingeschichtet werden.

KARTOFFEL-APFEL-PÜREE

Zutaten:

```
   1 kg    Kartoffeln (mehlige Sorte)
 2-3       kleine mürbe Äpfel
   1 TL    Salz, nicht jodiert
   2 MS    Muskatblüte
   1 TL    Butter
 4-5 EL    süße Sahne
```

Zubereitung: Kartoffeln ausnahmsweise dünn schälen, mit wenig Wasser zum Kochen aufsetzen. Äpfel waschen, auf die zu kochenden Kartoffeln setzen, mitkochen lassen. Stiele, Gehäuse lösen sich dann und können leicht herausgenommen werden. Das verbleibende Apfelfleisch mit den weichgekochten Kartoffeln zu Mus stampfen. Mit Salz, Butter, Sahne und Muskatblüte würzen.
Dieses Püree kann zu diversen Bratlingen gereicht werden.
Variation: Anstelle der Äpfel können ca. 100 g rohe Ananas, einige Aprikosen, Pflaumen bzw. Kürbis gewählt werden.

KARTOFFEL-GRATIN
– apartes Kartoffelgericht –

Zutaten für 1 große Auflaufform:

```
  750 g     Kartoffeln
1-1½ TL     Kräutersalz, nicht jodiert
    1 EL    Kümmel, ganz
    3 EL    fein gehackte Kräuter
            (z. B. Petersilie, Dill, Schnittlauch, Kerbel)
  150 g     Sauerrahm
  100 ml    süße Sahne
    ¼ TL    Salz
    1 MS    Muskatnuß, Muskatblüte
    1       große Zwiebel, in feine Scheiben geschnitten
    3 EL    Semmelbrösel, 2 EL Butter
```

Zubereitung: Kartoffeln sauber bürsten.
Große Auflaufform mit Butter ausfetten.
Aus Sauerrahm, süßer Sahne und den Gewürzen eine cremige Substanz rühren, u. U. mit Wasser verlängern. Die Zwiebel in feine Streifen schneiden; Semmelbrösel und Butter bereitstellen.
Kartoffeln schnell in dünne Scheiben raffeln.

Eine flache Schicht Kartoffelscheiben in die Form geben, einen Teil Kräutersalz, Kümmel und feingehackte Kräuter überstreuen. Nun folgt der Rest Kartoffelscheiben, dann Kräutersalz, Kümmel und gehackte Kräuter.
Über die Kartoffelschichten die gewürzte Sahnesoße gleichmäßig verteilen. Hierauf folgen die Zwiebelscheiben. Mit Semmelbrösel und Butterstückchen schließt der Auflauf ab.
Backen: Bei 200 °C ca. 50 Minuten. Für die letzten 10 Minuten ist es ratsam, Pergamentpapier aufzulegen, damit die obere Schicht saftig bleibt.

Tipp: Bei diesem Gericht ist es wichtig, daß ausreichend Flüssigkeit über die Kartoffelscheiben gegeben wird, sonst werden die Kartoffelscheiben nicht saftig gar, sondern eher ledrig.

KARTOFFELKLÖSSE

Zutaten:

600 g	Kartoffeln (mehlige Sorte)
½ TL	Salz, nicht jodiert
2 MS	Muskatnuß, Muskatblüte
100 g	Dinkel
25 g	Buchweizen
25 g	Leinsaat
1½ Ltr.	Kochwasser
1 TL	Salz
2 EL	Öl

Zubereitung: Kartoffeln in der Schale garen, abpellen, noch im heißen Zustand durch eine Kartoffelquetsche drücken, den Kartoffelschnee erkalten lassen.

Dinkel, Buchweizen und Leinsaat zusammen in der Getreidemühle fein mahlen, dem Kartoffelschnee zugeben, ebenso die Gewürze. Es sollte ein geschmeidiger, gut formbarer Teig werden. Teigruhezeit ca. 15–20 Minuten.

8–10 gleichgroße Klöße rollen.

1½ Ltr. Wasser mit 1 TL Salz und 2 EL Öl zum Kochen bringen, die Klöße auf einmal vorsichtig hineinlegen, ca. 10 Minuten im siedenden Wasser (offener Topf) ziehen lassen.

Mit einem Schöpflöffel zunächst 1 Probekloß herausnehmen, zerteilen und prüfen, ob er gar ist.

Die fertigen Klöße auf einer Platte servieren – möglichst nicht übereinander, damit sie nicht kleben. Dazu diverse Soßen nach Geschmack, gedünstetes Gemüse, vor allem Rotkohl und Sauerkraut.

Erkaltete Reste lassen sich vortrefflich, wie Bratkartoffeln in Scheiben geschnitten, mit Butter braten.

SÜSS-SPEISEN

FRÜCHTE-CREME IN ZAHLREICHEN VARIATIONEN
– schnell und köstlich –

Zutaten:

- 200 ml süße Sahne
- 2 EL Sauerrahm
- 350 g Sommerbeeren: Erdbeeren, Johannisbeeren, Himbeeren, Brombeeren, Aprikosen, Pflaumen
- 2 EL Honig – oder mehr
- ¼ TL Vanillegewürz

Zubereitung: Früchte mit Honig und Gewürz pürieren.
Sahne und Sauerrahm steifschlagen. Früchtepüree und Sahne rasch miteinander vermengen.
Die Creme in eine große Glasschale bzw. Portionsschälchen füllen, mit zurückbehaltenen Früchten hübsch garnieren.
Variationen: Apfel-Creme: dick eingekochtes Apfelmus mit Johannisbeeren und Sahne zubereiten; Gewürze: Zimt und Nelkenpulver
Ananas-Creme: geschälte und zerkleinerte Frucht pürieren; Gewürze: Vanille, ½ TL Kakaopulver

SANDDORNSPEISE
– aus Reismehl –

Zutaten:

- 150 g Naturreis
- 150 g Sahne
- 150 g Wasser
- Schale und Saft von ½ Zitrone oder Orange, unbehandelt
- 5–6 EL Sanddornsaft (mit Honig gesüßt)
- 4 EL Sauerrahm, hohe Fettstufe

Zubereitung: Wasser und Sahne zum Kochen bringen, das frisch gemahlene Reismehl einstreuen, gut durchrühren, kurz aufkochen, ohne weitere Hitzezufuhr ausquellen lassen.
In den lauwarmen Brei die übrigen Zutaten einrühren, u. U. nachwürzen.
Die Speise in Portionsschälchen füllen, mit einer Zitronen- oder Orangenscheibe verzieren.

Tipp: Die Speise wird cremiger, wenn der Sauerrahm (wie süße Sahne) aufgeschlagen und untergehoben wird.

GEFÜLLTER BRATAPFEL

Zutaten:

1 mittelgroßer Apfel pro Person
einige Mandeln/Nußkerne
etwas Honig
Zitronensaft
Vanillegewürz

Zubereitung: Äpfel waschen und gut abtrocknen.
Mit einem Apfelausstecher das Kernhaus ausstechen.
Etwas Zitronensaft einträufeln.
Feingeriebene Mandeln bzw. Nüsse, Honig, Vanillegewürz als Füllung für die Äpfel vermengen. Die gefüllten Äpfel in eine Auflaufform setzen, etwas Wasser oder ungesüßten Apfelsaft zugießen.
Backen: Im vorgeheizten Ofen etwa 15 Minuten bei 200 °C, wenn die Auflaufform abgedeckt ist. 5–8 Minuten bei 175 °C, wenn die Form keinen Deckel hat. Bei mürben Äpfeln ist die Backzeit kürzer.
Früchte sollen keinesfalls zerfallen.
Es eignen sich besonders gut Winteräpfel wie Boskop, Berlepsch und Ontario, aber auch Ingrid-Marie.

MOHNPIELEN
– „himmlische Speise" aus Schlesien –

Zutaten:

- 200 g Mohn
- ½ Ltr. Flüssigkeit (halb Wasser, halb Sahne)
- 3 EL Honig
- 3 EL Weinbeeren
- 3 EL fein geriebene Mandeln
- 3 bittere Mandeln
- 4 altbackene Vollkornbrötchen
  oder 300 g altes Weizenvollkornbrot
  etwas Zitronensaft
- 2 MS Vanillegewürz

Zubereitung: Mohn in der Getreidemühle so fein wie möglich mahlen bzw. im Fachhandel frisch mahlen lassen. Die Flüssigkeit zum Kochen bringen, Gewürze und Honig einrühren.
Die halbe Menge über die zerkleinerten Brötchen gießen, in der anderen Hälfte den Mohn, Rosinen und Mandeln quellen lassen. Einweichzeit 15–20 Minuten. Die Speise

entweder gut vermengt anrichten, oder Mohn- und eingeweichte Semmeln schichtweise in ein Glasgefäß füllen. Mindestens 1 Stunde sollte die Speise durchziehen. Eventuell nachwürzen!

Tipp: Wird der Mohn unmittelbar vor der Zubereitung zerkleinert, schmeckt er im allgemeinen nicht bitter. Infolge seines hohen Fettanteils – über 60% – tritt rasch in Verbindung mit Luftsauerstoff das Ranzig- und damit Bitterwerden von gemahlenem Mohn ein. Das bedeutet, der im Reformhaus/Naturkostladen gemahlene Mohn sollte nicht überlagert sein und am gleichen Tag verarbeitet werden.

APFELSCHLEMMEREI
mit Mandeln überbacken

Zutaten:

3–4		große säuerliche Äpfel
1	EL	Zitronensaft
250	g	Mandeln, enthäutet
100	g	Akazienhonig
75	g	weiche Butter
5	EL	Sahne
¼	TL	Vanillegewürz
2	MS	Zimtpulver

Zubereitung: Äpfel halbieren, vom Kernhaus befreien, dicke Scheiben in eine Auflaufform schichten, mit Zitronensaft beträufeln.
Gepellte Mandeln im Mixer fein zerkleinern.
Honig und Butter cremig rühren, mit dem Mandelmehl, den Gewürzen sowie der Sahne gut vermengen. Diese Masse gleichmäßig über die Apfelscheiben verteilen.
Backen: Im vorgeheizten Ofen bei 200 °C 15 Minuten überbacken. Heiß bzw. warm servieren.

MAIS-CREME

Zutaten:

100 g	feiner Maisgrieß (= Polenta)
250 g	Wasser
50 g	getrocknete Pflaumen ohne Stein
2	große mürbe Äpfel bzw. ca. 250 g Kirschen, Pflaumen, Himbeeren, Johannisbeeren oder Brombeeren
125 ml	süße Sahne
	Saft und abgeriebene Schale $\frac{1}{2}$ Zitrone, unbehandelt
2 EL	Honig
2 MS	Vanille- und Zimtgewürz

Zubereitung: Maisgrieß mit dem Wasser und den entsteinten, zerkleinerten Pflaumen ca. 15 Minuten einweichen.
Äpfel zerkleinern – andere Früchte entsteinen, zerkleinern und mit dem Mixstab pürieren.
Nach der Quellzeit den Maisgrieß ca. 3–5 Minuten leise köcheln lassen – öfter rühren.
Im lauwarmen Zustand die Gewürze zugeben, gleichermaßen das Fruchtpüree.
Zum Schluß die geschlagene Sahne unterheben.
Die Speise in einer Glasschüssel servieren – einige Früchte zur Verzierung aufsetzen.

GRIESSSPEISE
MIT SAHNE-FRUCHT-SOSSE
– sturzfähiges Dessert –

Zutaten:

200 g	Hartweizengrieß (aus 300 g Hartweizen, s. S. 121)
500 g	Wasser
3 EL	Akazienhonig
2 EL	Zitronensaft
1 TL	abgeriebene Zitronenschale, unbehandelt
2 EL	Butter

Soße:

125 ml	süße Sahne
125 g	Sommerbeeren (auch Gefrierware) pürieren
1–2 EL	Honig
	MS Delifrut, Vanillegewürz

Zubereitung: Grieß ca. 30 Minuten einweichen. Damit verkürzt sich die Kochzeit auf wenige Minuten. Während des Kochens muß ständig gerührt werden.
Der Getreidebrei soll sehr fest sein.
In den noch warmen Grieß Honig, Gewürze und Butter geben.
3–4 kleine Förmchen (es können flache Tassen sein), mit kaltem Wasser ausspülen, die Grießspeise gleichmäßig einfüllen, glattstreichen, erkalten lassen. Dann stürzen.
Die einzelnen Portionen können mit frischen Früchten garniert werden.
Für die Soße: Sahne locker schlagen, pürierte Früchte und Gewürze zugeben.

VANILLESOSSE

Zutaten:

- 150 g   Sauerrahm
- 150 g   süße Sahne
- 100 g   Wasser
- 2–3 EL   Honig
- 1/4 TL   Vanillegewürz
- 1 MS   Delifrut-Gewürz
- 1 MS   Safran zur Färbung

Zubereitung: Sauerrahm mit Wasser, Honig und Gewürzen gründlich verrühren. Die süße Sahne steifschlagen, unterheben.
Diese Soße paßt gut zu Obstsalat, süßem Getreidesalat, auch Getreidefrischkost.

Variation:

FRUCHTSOSSE MIT INGWER

Zutaten:

- 250 ml   Flüssigkeit (1/2 süße Sahne, 1/2 Sauerrahm)
           Saft von 1–2 Orangen und 1/2 Zitrone
- 1–2 EL   Honig
- 1/4 TL   Vanillegewürz
- 1 MS   Ingwerpulver

Zubereitung: Sahne locker (nicht steif) schlagen, Gewürze und Honig zugeben. Während des Rührens Orangen- und Zitronensaft in die Sahne rühren.
Sie eignet sich für Obstsalat, Getreidefrischkost, auch Bratäpfel und Gemüsefrischkost.
Variation: Anstelle von Orangen-Zitronensaft kann püriertes Obst der Jahreszeit treten, u. U. etwas mit Wasser verlängern.
Feinst geriebene Nüsse, Mandeln, Sonnenblumenkerne bilden als Zugabe ebenfalls eine interessante Note.

CREMIGE FRUCHTSOSSE

Zutaten:

200 g	gekochter Reisbrei, wahlweise Hirsebrei (s. S. 53)
50 g	weiche Butter
3 EL	Honig
1–2 TL	Zitronensaft
5 EL	pürierte Früchte der Jahreszeit bzw. Saft (und Fruchtfleisch) von 1 großen Orange

Zubereitung: Butter in einem hohen Gefäß im warmen (nicht heißen) Wasserbad cremig rühren. Den Reisbrei zugeben und gut miteinander verbinden. Die Butter sollte leicht anschmelzen. Sodann das Fruchtpüree zugeben, weiterrühren, bis eine innige Verbindung hergestellt ist.
Zum Schluß die Gewürze zufügen.
Diese Fruchtsoße wird zu Getreidespeisen, Gebäck oder Obstsalat gereicht.

Kuchen

MÜRBETEIG MIT HARTWEIZEN
– Tortenboden für Obstbelag –

Zutaten:

100 g	Honig
150 g	weiche Butter
	Vanillegewürz
2 EL	Mandel- oder Nußmus
50 g	fein geriebene Mandeln oder Nüsse
200 g	Hartweizen
1 EL	Leinsaat
	Semmelbrösel

Zubereitung: Honig cremig rühren, Butter und Mandel- bzw. Nußmus zugeben, gründlich vermengen. Gewürze und fein geriebene Mandeln oder Nüsse einrühren. Zum Schluß den frisch gemahlenen Hartweizen mit Leinsaat einkneten.
Eine gezackte Obsttortenform bzw. Torteletts gut ausbuttern. Den Teig gleichmäßig in der Form (den Förmchen) verteilen, dabei einen 1–2 cm hohen Rand andrücken. Am besten läßt sich der Teig mit der nassen Hand verteilen.
Backen: Bei 175 °C etwa 20–25 Minuten goldbraun abbacken.
Den Tortenboden erst nach dem Auskühlen vorsichtig auf die Tortenplatte stürzen, sonst zerbröselt er leicht.
Dann kann der Obstbelag aufgetragen werden.
Belag: 150 ml süße Sahne steifschlagen, mit 1–2 EL Akazienhonig würzen, Sahne auf den Tortenboden streichen. In dieses „Sahnebett" die vorgesehenen Früchte hübsch anordnen.

Tipp: Ohne Eier ist die Teigbindung natürlich weniger stabil. Es empfiehlt sich eine beschichtete Backform, von der sich das Gebäck zuverlässig löst.

MÜRBETEIG-TORTE IM SAHNEMANTEL

Zutaten:

200 g	Akazienhonig
175 g	Butter
200 g	fein geriebene Mandeln oder Nüsse
	Gewürze: 2 MS Vanillegewürz, Zimt
3 EL	Kakaopulver
200 g	Hartweizen + 2 EL Leinsaat, fein mahlen
4–5 EL	herb-säuerliche Konfitüre
	(= Fruchtmus, rohe Marmelade)
250 ml	Sahne, steif geschlagen

Zubereitung: Honig cremig rühren, Butter zugeben, gründlich vermengen. Gewürze und das Mandel- bzw. Nußmehl einrühren, dann folgen Hartweizen und Leinsaat. Nicht länger als nötig kneten. Den Teig in eine ausgefettete und ausgebröselte Springform füllen, mit nasser Hand glattstreichen.
Backen: Bei 190 °C etwa 25–30 Minuten, die letzten 10 Minuten u. U. mit Pergamentpapier abdecken, damit die Oberfläche des Gebäcks nicht zu dunkel wird.
Das Gebäck in der Form erkalten lassen, dann erst herausnehmen, auf eine flache Tortenplatte legen. Die Konfitüre auftragen und die Torte mit der geschlagenen, evtl. honiggesüßten Sahne überziehen.

OLDENBURGER ONTARIO-TORTE
mit Apfel-Füllung

Zutaten:

150 g	Honig
150 g	Butter
125 g	Sahne
¼ TL	Vanillegewürz
2 MS	Delifrut
3 EL	Kakaopulver
150 g	fein geriebene Mandeln/Nüsse
275 g	Dinkel
3 EL	Leinsaat
½ TL	Weinstein-Backpulver
2–3	Winteräpfel „Ontario" (oder Boskop oder Berlepsch)

Zubereitung: Honig und Butter cremig rühren, Sahne, Gewürze sowie fein geriebene Mandeln oder Nüsse zugeben, gründlich vermengen. Zum Schluß das frisch gemahlene

Dinkel-Leinsaat-Gemisch zusammen mit dem vermengten Backpulver in die cremige Masse geben, gründlich einarbeiten.
Die Springform ausfetten, die halbe Teigmenge einfüllen, glattstreichen.
Die Äpfel halbieren, vom Kernhaus befreien und hauchdünne Scheiben raffeln. Die Apfelmasse gleichmäßig auftragen. Jetzt folgt der restliche Teig. Sorgfältig glattstreichen.
Backen: Etwa 30–35 Minuten bei 200 °C – Stäbchenprobe!
Nach dem Auskühlen das Gebäck auf einen Tortenteller legen und rundherum mit Sahne bestreichen, u. U. Sahnemuster aufspritzen.
Von einem halben Apfel feine Apfelblättchen (mit etwas Zitronensaft beträufelt) schneiden, die zur Dekoration kranz- oder sternförmig in die Sahne gesteckt werden können.

HEFE-BLECHKUCHEN MIT OBSTBELAG

Zutaten für 1 Backblech:

Teig:
- 200 g Flüssigkeit
  ($1/2$ Anteil Sahne, $1/2$ Anteil Wasser)
- 10 g Hefe
- 1 Prise Salz
- 100 g Honig
- 100 g Butter
  Saft und abgeriebene Schale $1/2$ Zitrone, unbehandelt
- 400 g Weizenvollkornmehl

Belag:
- 500–750 g säuerliche Äpfel, Sauerkirschen, Zwetschgen, Aprikosen (jeweils entsteint)
- 250 g Mandeln (fein gerieben) oder Mandelmus
- 100 g Akazienhonig
- 75 g Butter
  Vanille- und Zimtgewürz

Zubereitung:
1. Teigstufe: Hefe und Salz in Flüssigkeit gründlich auflösen. 200 g frisch gemahlenes Vollkornmehl einrühren. Teigruhe in der Schüssel, gut zugedeckt ca. 45 Minuten.
2. Teigstufe: Die separat bereitete Honig-Butter-Creme gründlich einkneten. Abgeriebene Zitronenschale und Saft zugeben, zum Schluß die restlichen 200 g Vollkornmehl. Ein geschmeidiger, relativ weicher Teig entsteht. 2. Teigruhe in der Schüssel etwa 1 Stunde.
Belag:
1. geraffelte oder in Scheiben geschnittene Äpfel
2. halbierte Aprikosen oder Zwetschgen
3. Mandeln mit Honig, Butter, Gewürzen erwärmen, auf Früchten verteilen.

Ausformen: Den Teig gründlich kneten, ohne Streumehl, mit nasser Hand auf Backblech verteilen. Der Teig soll in der Mitte nicht dicker sein als an den Rändern. Jetzt das vorbereitete Obst dicht auflegen, eindrücken. Etwa herausquellende Teigmasse mit einer Teigkarte über das Obst streichen. Nun die warme Mandelmasse gleichmäßig auftragen.
Backen: In den kalten Ofen schieben – 2. Schiene von unten – bei 200 °C etwa 35–40 Minuten backen. Die letzten 15 Minuten mit Pergamentpapier abdecken.
Anschneiden warm oder ausgekühlt, mit oder ohne Sahne servieren.

GEDECKTER APRIKOSENKUCHEN

Zutaten für 1 Springform 26 cm ⌀:

- 125 g kaltes Wasser abwiegen
- 10 g Hefe
- 1 Prise Salz
- 350 g Weizen
-     abger. Schale und Saft 1 Zitrone, unbehandelt
- 100 g fein geriebene Haselnußkerne
- 200 g Honig
- 200 g Butter
- 500–700 g reife Aprikosen

Zubereitung:
1. Teigstufe: Wasser in eine Schüssel geben, Hefe und Salz darin auflösen. Die halbe Menge frisch gemahlenes Vollkornmehl einkneten. Teigruhezeit in der Schüssel, gut zugedeckt, ca. 45 Minuten.
2. Teigstufe: Honig und Butter cremig rühren, Saft und Zitronenabrieb sowie geriebene Nüsse zugeben. Diese Creme zum Teigansatz geben und gründlich vermengen. Dann das restliche Vollkornmehl einkneten. Ein relativ weicher, aber geschmeidiger Teig entsteht.
2. Teigruhe in der Schüssel, gut zugedeckt, etwa 1 Stunde (wegen des hohen Fettanteils). Nach der Teigruhe den Teig in der Schüssel (am besten mit 1 Hand) gründlich kneten, ihn in die ausgefettete Backform geben, gleichmäßig verteilen.
Die entsteinten Aprikosen-Hälften eng nebeneinander tief in den weichen Teig drücken. Mit einer Teigkarte vorsichtig die hochwölbenden Teigteile glattstreichen, damit sind die Früchte zugedeckt. Letzte Teigruhe: ca. 10 Minuten.
Backen: Bei 200 °C etwa 40 Minuten, davon die letzten 15 Minuten mit Pergamentpapier abgedeckt. Stäbchenprobe machen! Gebäck in der Form erkalten lassen.

BIENENSTICH-BLECHKUCHEN

Zutaten für 1 Backblech:

Teig:
- 1/8 Ltr. süße Sahne (125 ml)
- 10 g Hefe
- 1 Prise Salz
- 300 g Weizen
- 75 g Honig
- 75 g weiche Butter
- Saft und abgeriebene Schale 1/2 Zitrone, unbehandelt

Belag:
- 200 g Honig
- 250 g Mandeln enthäutet
- 125 g Butter
- 5–6 EL Sahne

Zubereitung:

1. Teigstufe: Hefe und Salz in Sahne gründlich auflösen. Die halbe Menge frisch gemahlenes Vollkornmehl einkneten. Teigruhe in der Schüssel, gut zugedeckt: 45 Minuten.

2. Teigstufe: Honig, weiche Butter und Saft und abgeriebene Zitronenschale dem Teigansatz zugeben, sehr gründlich einarbeiten. In den jetzt cremigen Teig das restliche Vollkornmehl einkneten. Der Teig ist weich und geschmeidig. 2. Teigruhe, gut zugedeckt, ca. 45 Minuten.

Belag vorbereiten: Honig, Butter und enthäutete, grob zerkleinerte Mandeln vorsichtig anbräunen, die Sahne zugeben, 2–3 Minuten leise kochen. Die Masse auskühlen lassen. Nach der Teigruhe den Teig nochmals kneten, ihn *gleichmäßig* (dünn) auf das gefettete Backblech streichen. Nun folgt der abgekühlte Belag, auch ihn gleichmäßig aufstreichen. Letzte Teigruhezeit: ca. 20 Minuten.

Backen: Bei 200 °C 35 Minuten, die letzten 15 Minuten mit Pergamentpapier abgedeckt backen lassen.

Das Gebäck kann bereits warm oder abgekühlt als Schnitten serviert werden. Am 2. und 3. Tag schmeckt es ebenfalls noch!

VOLLKORNSTOLLEN

Zutaten für 2 Stollen je ca. 1200 g:

350 g	Wasser abwiegen	
10 g	Hefe	
10 g	Salz, nicht jodiert	
1000 g	Weizenvollkornmehl	
150 g	Honig	⎫ cremig verbinden
400 g	Butter	⎭
350–500 g	Sultaninen (ungeschwefelt)	
200 g	Mandeln, fein gerieben	
100 g	Haselnußkerne (grob geschnitten)	
	Gewürze: 1 TL Vanillegewürz	
je 1/4 TL	Zimt, Nelkenpulver	
	Saft und abgeriebene Schale von 1 Zitrone, unbehandelt und 1 Orange	

Zubereitung:
1. Teigstufe: Hefe und Salz in Wasser auflösen. 400 g frisch gemahlenes Vollkornmehl einkneten. 1. Teigruhe, gut zugedeckt, ca. 1. Stunde. Inzwischen Sultaninen, fein geriebene Mandeln, geschnittene Haselnußkerne sowie die Gewürze mit der Honig-Butter-Creme verbinden.
2. Teigstufe: Alle geschmacksgebenden Zutaten sehr gründlich in den Vorteig einarbeiten. Das restliche Mehl zugeben.
Jetzt heißt es, einige Minuten zu kneten, bis ein glatter, geschmeidiger, schwer reißender Teig entsteht.
2. Teigruhe in der Schüssel ca. 2 Stunden – gut zugedeckt bei Zimmertemperatur. Die vielen fetthaltigen Zutaten machen eine so lange Teigruhe erforderlich, weil sie ausgesprochen bremsend auf das Hefewachstum wirken. Zwischendurch 2–3mal kurz durchkneten.
Ausformen: 2. Teiglinge ausformen, stollenartig wickeln. Auf dem Backblech – gut zugedeckt – eine letzte Ruhezeit ca. 30 Minuten.
Backen: In den kalten Ofen schieben – unterste Schiene. Bei 200°C etwa 70–90 Minuten – die letzten 15 Minuten mit Pergamentpapier abdecken.
Nach 5–6 Tagen erreicht dieses Gebäck erst seinen höchsten Wohlgeschmack.

MOHNSTOLLEN

Zutaten für 1 großes Gebäckstück; zu backen in einer großen Kastenform mit Deckel

250	g	Flüssigkeit abwiegen (halb Sahne, halb Wasser)
10	g	Hefe
1		Prise Salz
200	g	Honig
300	g	Butter
1000	g	Weizenvollkornmehl

Füllung:

400	g	Mohn, fein gequetscht
350	g	kochendes Wasser
100	g	Honig
50	g	feingeriebene Mandeln

wahlweise Nuß-Nougatfüllung:

400	g	Haselnußkerne (feinst gerieben)
100	g	Honig
3	EL	Kakaopulver
$1/2$	TL	Vanillegewürz
2–3	EL	Sahne

Zubereitung:
1. Teigstufe: Hefe und Salz in Flüssigkeit auflösen, 300 g frisch gemahlenes Vollkornmehl einkneten. Gut zugedeckt, 1. Teigruhe in der Schüssel ca. 1 Stunde.
2. Teigstufe: Honig hell und cremig rühren, Butter zugeben, gründlich miteinander verbinden. Diese Creme in den Teigansatz einarbeiten, bis sie fein verteilt ist. Zum Schluß die restlichen 700 g Vollkornmehl einarbeiten und zu geschmeidigem, glatten, gut formbaren Hefeteig verkneten. 2. Teigruhe in der Schüssel, gut zugedeckt, ca. 1 Stunde.
Zur gleichen Zeit den Mohn mit dem kochenden Wasser überbrühen, dann zum Quellen stehenlassen. Nach dem Abkühlen Honig und geriebene Mandeln einrühren.
Ausformen: Den Hefeteig gründlich kneten, mit dem Rollholz eine rechteckige Platte so dünn wie möglich, entsprechend dem Längenmaß der Backform, ausrollen. Die Mohnfüllung gleichmäßig auftragen, gut glattstreichen. Nun die Teigplatte von beiden Seiten aufrollen, in der Mitte zusammendrücken. Den Stollen vorsichtig in die gefettete Kastenform legen; Deckel aufsetzen. Letzte Teigruhe: ca. 30 Minuten.
Backen: Bei 175 °C etwa 60 Minuten – Stäbchenprobe!
Gründlich auskühlen lassen, erst dann anschneiden. Der Effekt: Jede Scheibe zeigt das gegenläufige Muster der Mohnfüllung.

Tipp: Die lange Abstehzeit kann zum Verflachen der Teigrolle führen. In der Kastenform bleibt die Gebäckform gut erhalten.

HEFE-NAPFKUCHEN

Zutaten für 1 Napf- bzw. Königskuchenform:

250 g	Flüssigkeit (½ Sahne, ½ Wasser) abwiegen	
10 g	Hefe	
1	Prise Salz	
100 g	Honig	
200 g	Butter	
150 g	Weinbeeren	
100 g	Mandeln	} fein gerieben
4	bittere Mandeln	
¼ TL	Vanillegewürz	
	Schale und Saft von ½ Zitrone	
500 g	Weizenvollkornmehl	

Zubereitung:
1. Teigstufe: Salz und Hefe in Flüssigkeit auflösen. 300 g frisch gemahlenes Vollkornmehl einkneten. Gut zugedeckt 1. Teigruhe in der Schüssel ca. 45 Minuten.
2. Teigstufe: Honig cremig rühren, Butter zugeben, gründlich verbinden. Weinbeeren, geriebene Mandeln (+ bittere) sowie Gewürze zufügen. Diese cremige Substanz sehr gründlich in den Teigansatz einarbeiten. Zum Schluß die restlichen 200 g Vollkornmehl einkneten. 2. Teigruhe in der Schüssel mindestens 1 Stunde, ebenfalls gut zugedeckt.
Ausformen: Den Teig in der Schüssel gründlich kneten, kein Streumehl nehmen. Eine Napf- oder Königskuchenform ausfetten. Den Teig gleichmäßig in der Form verteilen, die Oberfläche mit nasser Hand glattstreichen. Letzte Teigruhe in der Form: ca. 30 Minuten – gut zugedeckt.
Backen: In den kalten Ofen geben – auf dem Rost 2. Schiene von unten bei 200 °C etwa 20 Minuten mit Pergamentpapier bedeckt, danach bei 175 °C etwa 20 Minuten ohne Abdeckung backen lassen. Stäbchenprobe!
Nach dem Backen zum Abkühlen auf einen Gitterrost stürzen.
Das Gebäck möglichst erst nach 24 Stunden anschneiden. Nach dem Erkalten einfach die Backform überstülpen, damit wird ein Austrocknen des Gebäcks verhindert.

Tipp: Fettreiches Gebäck kann in den kalten Ofen gegeben werden. Mit der langsam ansteigenden Hitze erfolgt eine gute Teiglockerung.

GEWÜRZKUCHEN

Zutaten für 1 Backblech:

400 g	Honig
500 g	Weizenvollkornmehl (oder Dinkel)
5 EL	Wasser
100 g	Nüsse oder Mandeln (grob gerieben)
100 g	Butter
100 g	Rosinen
10 g	Lebkuchengewürz (ist als Mischung fertig zu kaufen und besteht aus Nelken, Zimt, Koriander, Kardamom, Anis, Zitrone und Muskatnuß)

entweder
10 g	Hirschhornsalz (sog. ABC-Trieb)

oder
10 g	Natron oder 10 g Pottasche

Zubereitung: Honig erwärmen, damit er gänzlich flüssig wird. Ist er etwas abgekühlt (ca. 40°C), 400 g frisch gemahlenes Vollkornmehl einarbeiten, 5 EL Wasser zugeben, damit der Teig zwar fest, jedoch nicht brüchig wird.
Dieser Honig-Mehl-Teig sollte 2–7 Tage (gut verpackt) z.B. im Kühlschrank ruhen. Zur Weiterverarbeitung den Teig bei Zimmertemperatur erwärmen lassen.
Weiche Butter, Rosinen, Gewürze und das in etwas Wasser aufgelöste Triebmittel nacheinander in den Teig einarbeiten, ebenso die restlichen 100 g Vollkornmehl.
Die Teigmasse dann auf ein gefettetes Backblech streichen.
Backen: Bei 160–180°C etwa 20 Minuten.
Nach dem Erkalten die Teigplatte in rautenförmige Stücke schneiden. In einer gut schließenden Dose läßt sich dieses Gebäck lange aufbewahren, es gewinnt noch sehr an Wohlgeschmack.

Tipp: Die als Triebmittel vorgeschlagenen Salze riechen unangenehm, auch sollte von dem rohen Teig nichts gegessen werden. Pottasche, Natron bzw. Hirschhornsalz zerfallen unter Säurezusatz (entsteht im Honig-Teig) und Wärme, dabei entsteht das Lockerungsgas Kohlendioxyd.
Der Name Lebkuchen soll von dem lateinischen Wort „libum" = Fladen/Kuchen stammen. – Lebkuchen wurden bereits im Mittelalter in Klöstern und später gewerbsmäßig durch „Lebküchner" oder „Lebzelter" in eigener Zunft hergestellt.

KLEINGEBÄCK

KOKOSKUGELN

Zutaten für 1 Backblech:

    100 g   Honig
     75 g   weiche Butter
    100 g   Mandeln
    100 g   Kokosflocken
    100 g   Hartweizen, fein gemahlen
              Saft und abgeriebene Schale von ½ Zitrone, unbehandelt
      2 MS   Vanillegewürz
16–20   Pergament-Backförmchen

Zubereitung: Honig cremig rühren, Butter zufügen, gut verbinden. Gewürze, feinst geriebene Mandeln (im Mixer geht es ruck-zuck!) und Kokosflocken zufügen, zum Schluß das frisch gemahlene Hartweizenmehl.
Aus dem Teig Kugeln im Ø von etwa 3 cm formen, je eine in ein Pergamentförmchen legen. Insgesamt 16 oder 20 möglichst gleichgroße Kugeln formen, sie passen gut auf ein Haushaltsblech.
Vor dem Backen mit einer immer wieder in heißes Wasser getauchten Gabel die Kugeln mehrmals einstechen.
Backen: Bei 175 °C ca. 20 Minuten.
2–3 Tage hält sich dieses Gebäck frisch, in einer gut schließenden Dose sogar 1–2 Wochen.

HAFER-MANDEL-MÜRBCHEN

Zutaten für 1 Backblech:

100 g   Honig   } cremig rühren
125 g   weiche Butter   }
100 g   feinst geriebene Mandeln (+ 3–4 bittere)
½ TL   Vanillegewürz
100 g   Hartweizen   } fein mahlen
100 g   Sprießkornhafer }
15 oder 20 kleine Pergament-Förmchen

Zubereitung: Alle Zutaten in der genannten Reihenfolge zu einem glatten Teig kneten.
Ausformen: 15–20 gleiche Teile jeweils zu einer Kugel – im Ø ca. 3–4 cm – rollen. Alle Kugeln in Pergamentförmchen legen, etwas flachdrücken. Die Förmchen in Reihen 3 × 5 oder 4 × 5 anordnen.
Backen: Bei 175 °C etwa 20 Minuten, bis die Gebäckstücke goldbraun erscheinen.
Am 3. Tag schmecken die Mürbchen erst richtig gut.

HEIDESAND-GEBÄCK

Zutaten für 2 Backbleche:

125 g	Akazienhonig
200 g	weiche Butter
1/4 TL	Vanillegewürz
	abgeriebene Schale und Saft von 1/2 Zitrone, unbehandelt
50 g	Haselnußkerne (feinst gerieben) – oder Haselnußmus
250 g	Hartweizenvollkornmehl (wahlweise Dinkel)
1–2 EL	Kakaopulver

Zubereitung: Honig cremig rühren, Butter zugeben, kurze Zeit mit dem Handrührgerät gut vermengen. Es folgen die Gewürze, Haselnußmehl und Hartweizen, frisch gemahlen. Nur so lange kneten (zum Schluß am besten mit der Hand), bis alle Teile gründlich vermengt sind.

Sofort nach dem Kneten 4 Teigrollen im Ø von ca. 4 cm formen und sie in Pergamentpapier einrollen.

Dieser Mürbeteig sollte ca. 2 Stunden (oder sogar über Nacht) im Kühlschrank ruhen.

Anschließend jede Teigstange (sehr schnell, sonst wird der Teig weich) mit einem Sägemesser in etwa 1/2 cm dünne Scheibchen teilen und diese auf das gefettete Backblech legen.

Die Teigmenge ergibt 2 Backbleche voll belegt.

Backen: Bei 150 °C ca. 15 Minuten. Auf dem Blech auskühlen lassen.

Variationen: Dreieckige Stangen formen; 60–75 g Kokosflocken (leicht geröstet) einarbeiten; Trockenfrüchte, sehr fein geschnitten, mitverarbeiten; 100 g geschälte, feinst geriebene Mandeln + 2–3 bittere zufügen, = *Mandelsand.* Die Haselnußkerne bzw. das Nußmus fallen dann weg. Orangenschale oder etwas Ingwerwurzel geben eine besondere Geschmacksnuance.

Oder:

In die halbe Teigmenge 1–2 EL Kakao einarbeiten, so daß 1 Blech dunkles, 1 Blech helles Gebäck entsteht.

NELKEN-PLÄTZCHEN

Zutaten für 1 Backblech:

- 100 g   Honig
- 150 g   weiche Butter
- 1 TL   Nelkenpulver
- 2 MS   Muskatblüte
- 2 MS   Zimt
- 2 MS   Ingwerpulver
- 2 EL   Orangensaft oder 1 EL Zitronensaft
- 250 g   Hartweizenvollkornmehl

Zubereitung: Honig mit Butter cremig verrühren. Gewürze und Orangensaft zugeben, alles vermengen. Zum Schluß das frisch gemahlene Hartweizenvollkornmehl einkneten, am besten mit der Hand.
Teigruhe im Kühlschrank – gut verpackt – 1 Stunde.
Ausformen: Aus der Teigmenge 35 oder 40 möglichst gleiche Teile schneiden, zwischen den Handtellern Kugeln formen, sie in Reihen mit etwas Abstand aufs gefettete Blech setzen. Mit einer Gabel, die immer wieder in heißes Wasser getaucht wird, die Kugeln plattdrücken (möglichst nur 1 ×).
Backen: Bei 175 °C etwa 15–18 Minuten goldbraun ausbacken, Plätzchen auf dem Blech erkalten lassen.
In einer Keksdose gut verschlossen 2–3 Wochen lagerfähig.

SCHOKO-NUSS-TÖRTCHEN

Zutaten für 1 Backblech:

- 125 g   Akazienhonig
- 100 g   weiche Butter
- 2 MS   Vanillegewürz
- 1–2 EL   Kakao- oder Carobpulver
- 2 EL   Orangensaft, 1 EL abger. Orangenschale, unbehandelt
- 1 TL   Getreidekaffee
- 200 g   Haselnußkerne (sehr fein gerieben)
- 75 g   Hartweizen
- 15–20   Erdbeeren, Himbeeren oder Brombeeren
- 15–20   kleine Pergament-Förmchen

Zubereitung: Honig mit Butter cremig rühren. Danach Gewürze, geriebene Nüsse (im Mixer geht es sehr rasch) und das frisch gemahlene Mehl einarbeiten. Der Teig sollte schwer reißend sein, vielleicht mit 3 EL Wasser korrigieren.
Ausformen: Die Teigmasse halbieren bzw. vierteln, damit 15–20 gleichgroße Törtchen

abgeteilt werden können. Mit nassen Händen die jeweilige Teigpartie schnell rund formen, in die Pergament-Förmchen legen. Je eine frische (oder auch gefrorene, nicht aufgetaute) Frucht tief in den Teig drücken.
Backen: Bei 175 °C ungefähr 25 Minuten; auf dem Blech erkalten lassen.
Die Törtchen können einige Tage in einer Keksdose aufbewahrt werden, sie nehmen sogar an Wohlgeschmack zu.

Tipp: Der Vorschlag, allerlei Gebäck in Pergament-Förmchen zu backen, mag erstaunen. Der Grund liegt in dem besseren Zusammenhalt der Gebäcke innerhalb der Förmchen, denn so ganz ohne Eier und ihre emulgierende Eigenschaft (Eigelb-Lezithin) bröckeln Gebäcke schnell. Außerdem sehen sie ansprechender aus und lassen sich einfacher aufbewahren.

MÜRBETEIG-PLÄTZCHEN

Zutaten:

Buttergebäck:
- 150 g Honig
- 150 g Butter
- je 2 MS Vanillegewürz, Delifrut-Gewürz
- 1 EL Zitronensaft
- 250 g Hartweizen

Mandelgebäck:
- 150 g Honig
- 125 g Butter
- je 1 MS Zimt, Vanillegewürz, Nelkenpulver
- 150 g Mandeln (feinst gerieben)
- 2–3 bittere Mandeln
- 250 g Hartweizen

Schokogebäck:
- 150 g Honig
- 150 g Butter
- $1/4$ TL Vanillegewürz
- 1–1$1/2$ EL Kakaopulver
- 250 g Hartweizen

Zubereitung: Honig mit Butter cremig rühren. Es folgen Gewürze, im zweiten Fall feinst geriebene Mandeln (im Mixer geht's am schnellsten!). Stets zum Schluß den frisch gemahlenen Hartweizen einrühren. Nicht länger als nötig den Teig kneten – er ist stets weich.
Ausformen: Mit einem Spritzbeutel (größte Tülle) Plätzchen aufs Blech spritzen. Ansonsten mit nassen Händen Kugeln im Ø von etwa 2 cm rollen und diese in Reihen aufs Blech setzen.

Anschließend mit einer immer wieder in heißes Wasser getauchten Gabel die Kugeln plattdrücken (nur 1 × drücken). Es könnten andererseits sehr kleine Kugeln geformt und 2 Sorten Butter- und Schokoteig übereinandergesetzt und dann plattgedrückt werden. So entsteht ein interessantes Mischgebäck. Jedes Rezept bringt 35–40 Kekse.
Backen: Bei 175 °C 15–18 Minuten (= goldbraun). Backblech bei halber Backzeit u. U. umdrehen, weil im hinteren Backraum oftmals stärkere Hitze einwirkt.
Gebäcke auf dem Blech auskühlen lassen, erst dann sind die Kekse knusprig.

MANDEL-MARZIPAN MIT FRÜCHTEN

Zutaten:

150 g		Mandeln (enthülst und feinst gerieben)
50 g		Mandelmus
80–100 g		Akazienhonig
50 g		feinst geriebene Haselnußkerne
1–2	TL	Zitronensaft
$1/2$	TL	abgeriebene Zitronen- oder Orangenschale, unbehandelt
2	MS	Vanillegewürz

etwas Kakao- bzw. Carobpulver
einige frische Früchte: Erdbeeren, Himbeeren, Brombeeren, Kirschen, Aprikosen, Weintrauben, Apfelsinen- oder Clementinenspalten, Ananasstücke usw.

Zubereitung: Geriebene Mandeln, Mandelmus, Nüsse, Honig und Gewürze gründlich verkneten. Kugeln formen (Ø 1–2 cm), in Kakao- oder Carobpulver wälzen, in Reih und Glied auf eine Platte setzen.
An der Luft getrocknet, bleibt diese Art Naschwerk einige Tage frisch.
Variation: Marzipan-Kugeln bzw. -Würfel in Fruchtsaft tauchen, anschließend in Nußmehl oder frisch gequetschten Haferflocken wälzen.
Aus den Früchten ein Püree mixen, in die Marzipanmasse einarbeiten, daraus Kugeln, Quadrate oder eine Rolle formen, etwas an der Luft trocknen lassen.
Jede Zubereitungsform kann auch als Füllung für Gebäcke genommen werden.
Für den Direktverzehr das Konfekt mit frischem Obst garnieren. Obst z. B. auf Zahnstocher ziehen und in die Kugeln stecken.

NOUGAT-KUGELN

Vollwertkonfekt

Zutaten:

- 150 g Haselnußkerne
- 50 g Haselnußmus
- 80–10 g Akazienhonig
- 3 EL Kakaopulver oder Carob
- 1/4 TL Vanillegewürz
- 2 MS Zimtpulver
- 1/2 TL Getreidekaffeepulver
- 1 EL Butter
- 3 EL Sahne

Zubereitung: Nußkerne in einer trockenen Pfanne bei mäßiger Hitze leicht rösten. Die Kerne anschließend auf ein Küchentuch geben, kräftig gegeneinander reiben. Dabei fallen allerhand Schalenteile ab. Die Kerne aussortieren und im Mixer – in 2 Partien – sehr fein zerkleinern. Dieses Nußmehl und Nußmus mit Honig, den Gewürzen sowie der weichen Butter und Sahne gut verbinden, u. U. nachwürzen.
Von dieser Masse Kugeln oder Figuren in gewünschter Größe formen und im Kühlschrank fest werden lassen.
Für einige Tage hält sich dieses Naschwerk frisch, den Rest stets im Kühlschrank halten.

Tipp: Wer bei Umstellung auf Vollwertkost auf seine üblichen Süßigkeiten nicht verzichten will/kann, soll sich das in diesem Buch beschriebene gesunde Naschwerk als „Lust ohne Reue" gönnen.

Pikante Gebäcke

PIKANTE HEFESCHEIBEN

Zutaten für 1 Backblech:

Teig:
- 250 g   Wasser abwiegen
- 10 g   Hefe
- 10 g   Salz, nicht jodiert
- 2 MS   Kümmelpulver, Paprikapulver, Pfeffer
- 2 EL   frisch gehackte Kräuter: Schnittlauch, Basilikum, Petersilie
- 500 g   Weizenvollkornmehl
- 175 g   weiche Butter

Füllung: insgesamt ca. 500 g
Zwiebeln, roh – Paprikastreifen – Zucchinischeiben, Porreescheiben – kleine Pilze roh – Apfelscheiben – Butter zum Bestreichen – Kräutersalz zum Bestreuen – 2 EL grüne Pfefferkörner

Zubereitung:
1. Teigstufe: Hefe, Salz und Gewürze in Wasser auflösen, 300 g frisch gemahlenes Vollkornmehl einarbeiten. 1. Teigruhe in der Schüssel – gut zugedeckt – ca. 45 Minuten.
2. Teigstufe: Butter in den Teigansatz sehr gründlich einkneten, bis ein cremiger Teig entsteht. Es folgen die restlichen 200 g Vollkornmehl. Nach intensivem Einkneten – in der Schüssel, ohne Streumehl – entsteht ein geschmeidiger Teig. 2. Teigruhe in der Schüssel ca. 1 Stunde gut zugedeckt.
Ausformen: Den Teig auf der Arbeitsplatte gründlich kneten, u. U. mit etwas Streumehl zu einer rechteckigen Teigplatte – ca. 30 × 40 cm – ausrollen. Die Teigplatte mit etwas zerlassener Butter oder Öl bepinseln.
Das gewünschte Gemüse gleichmäßig auf der Platte verteilen, mit etwas Kräutersalz bestreichen. Die lange Seite des Rechtecks vorsichtig, aber möglichst dicht aufrollen (u. U. hilft die Teigkarte), den Teigschluß gut andrücken.
Mit einem scharfen Messer $1\frac{1}{2}$–2 cm dicke Scheiben von der Rolle schneiden und als Scheiben mit etwas Abstand aufs gefettete Blech legen.
Die Scheiben mit zerlassener Butter bepinseln, und auf jede Scheibe einige grüne ganze bzw. zerstoßene Pfefferkörner legen.
Backen: Bei 225 °C etwa 25–30 Minuten.
Geeignet z. B. für eine rustikale Terrassen- oder Gartenparty!

PARTY-ZUNGEN RUSTIKAL

Zutaten für 1 Backblech:

175 g	Wasser
10 g	Hefe
½ TL	Salz, nicht jodiert
je 2 MS	Kümmelpulver, Paprikapulver, Basilikum
200 g	Weizenvollkornmehl
100 g	Roggenvollkornmehl
100 g	weiche Butter
Belag:	Porreescheiben, Paprikastreifen, Zwiebelringe, Pilze, Tomatenscheiben, Apfelschnitzel
	Butterstückchen, Kräutersalz zum Bestreuen

Zubereitung:

1. Teigstufe: Hefe, Salz und Gewürze im Wasser auflösen. 200 g frisch gemahlenes Vollkornmehlgemisch einkneten. 1. Teigruhezeit in der Schüssel ca. 45 Minuten, gut zugedeckt.

2. Teigstufe: Die Butter in den Teigansatz gründlich einarbeiten. Die restlichen 100 g Vollkornmehl einkneten, bis ein geschmeidiger Teig – etwas weich, leicht klebrig durch den Roggen – entsteht. 2. Teigruhe in der Schüssel ca. 45–60 Minuten, gut zugedeckt.

Ausformen: Den Teig gründlich kneten, eventuell mit Streumehl. 10 etwa gleiche Teile trennen. Jedes Teil zunächst rund wirken, dann mit dem Handballen recht dünne, kleine Teigovale (eben Zungen) drücken. Mit Hilfe einer Teigkarte den Teigling aufs gefettete Backblech legen.

10 Teile passen gerade für 1 Backblech, es schadet auch nichts, wenn sie aneinanderbacken.

Die Teiglinge erst mit zerlassener Butter bzw. Öl bestreichen, dann von den gewählten Gemüsen allerhand im Muster oder bunt gemischt aufschichten, etwas andrücken. Mit Apfelschnitzel und Butterstücken den Belag abschließen, Kräutersalz überstreuen.

Backen: Bei 225 °C etwa 25–30 Minuten knusprig braun backen. Die ersten 15 Minuten mit Pergamentpapier abdecken, damit der Belag saftig bleibt.

Das Gebäck kann sofort nach dem Backen serviert werden. Es schmeckt auch abgekühlt als Rest.

GRÜNE PIZZA

Zutaten für 1 Backblech:

Teig:
125 g	Sahne
10 g	Hefe
½ TL	Kräutersalz, nicht jodiert
2 MS	Paprikapulver, Pfeffer, Basilikum, Thymian
300 g	Weizenvollkornmehl
100 g	Butter

Belag:
200 g	Sauerrahm, gewürzt mit 2 MS Kümmelpulver, Paprikapulver, Muskatblüte, Basilikum, Pfeffer
3	Paprikaschoten (grün, gelb, rot)
2	große Zwiebeln
1–2	Stangen Lauch
1–2	Zucchini
	Blumenkohlröschen – Broccoliröschen – Apfelschnitzel – 2–3 EL gehackte Kräuter – Kräutersalz zum Überstreuen
	Butterflöckchen

Zubereitung:
1. Teigstufe: Hefe und Salz in Sahne gründlich auflösen. Die halbe Menge – 150 g – Mehl einkneten. Gut zugedeckt 1. Teigruhe in der Schüssel ca. 45 Minuten.
2. Teigstufe: Butter und Gewürze in den Teigansatz einarbeiten, das restliche Vollkornmehl einkneten, bis ein geschmeidiger Teig entsteht. Wieder gut zugedeckt 2. Teigruhe in der Schüssel ca. 45–60 Minuten.
Belag: Die Gewürze in den Sauerrahm rühren; Gemüse sortenweise in Streifen, Scheiben oder Würfel schneiden.
Ausformen: Teig gründlich kneten, kein Streumehl verwenden, besser mit nassen Händen gleichmäßig auf das gefettete Backblech verteilen.
Auf die Teigplatte den gewürzten Sauerrahm streichen, darauf dann entweder fein im Muster oder bunt durcheinander das gewählte Gemüse verteilen. Die Apfelschnitzel sollten den Abschluß bilden, sie verhindern ein Austrocknen des Gemüses.
Dann Kräutersalz und gehackte frische Kräuter über das Gemüse streuen, reichlich Butterstückchen aufsetzen.
Vorsichtig mit Pergamentpapier abdecken – als Schutz vor dem Austrocknen.
Backen: Bei 200 °C etwa 30–34 Minuten; die letzten 10 Minuten ohne Pergamentpapier. Das Gebäck kann bereits warm angeschnitten und serviert werden.

ZWIEBELFLADEN

Zutaten für 1 Backblech:

200 g	Wasser abwiegen
10 g	Hefe
½ TL	Salz, nicht jodiert
je 2 MS	Kümmelpulver, Majoran, Basilikum
5 EL	Sonnenblumenöl
75 g	Sonnenblumenkerne, geröstet, fein gerieben
250 g	Weizenvollkornmehl
750 g	Zwiebeln
150 g	Sauerrahm
3 EL	gehackte Kräuter, z. B. Schnittlauch, Petersilie, Basilikum, Estragon
1 TL	Kräutersalz
2 EL	Butter

Zubereitung: Wasser und Gewürze miteinander verrühren, die Hefe darin gründlich auflösen. Das frisch gemahlene Vollkornmehl einkneten. Den Teig gut zugedeckt in der Schüssel ca. 60 Minuten ruhen lassen.
In der Ruhezeit die Zwiebeln schälen und in feine Ringe schneiden.
Die Sonnenblumenkerne in einer trockenen Pfanne wenige Minuten leicht anrösten, anschließend im Mixer fein zerkleinern, nach der Teigruhe in den Hefeteig einarbeiten. 2. Teigruhe 45 Minuten.
Ausformen: Den Teig nochmals gründlich kneten, dann auf ein gefettetes Backblech gleichmäßig verteilen, dies kann am leichtesten mit einer Hand durch Drücken und Schieben des Teiges gelingen. Auf die Teigfläche den Sauerrahm gleichmäßig auftragen, darauf die Zwiebelringe schichten, leicht in den Teig drücken; Kräutersalz überstreuen, ebenso die gehackten frischen Kräuter, mit Butterstückchen abschließen.
Backen: Das Blech in den kalten Ofen – 2. Schiene von oben – geben, bei 200 °C etwa 25–30 Minuten backen.
Die letzten 10 Minuten mit Pergamentpapier abdecken.
Das Gebäck kann warm serviert werden.

PILZSTRUDEL MIT DINKEL

Zutaten:

Teig:
- 250 g Dinkel-Vollkornmehl
- 1/8 Ltr. warmes Wasser abwiegen
- 1/2 TL Kräutersalz, nicht jodiert
- je 1 MS Pfeffer, Paprikapulver, Thymian, Salbei
- 100 g Butter

Füllung:
- 500 g Zuchtpilze
- 2 Zwiebeln
- Salz, Pfeffer
- 1 EL geh. Petersilie
- Öl zum Braten

Zubereitung: Aus frisch gemahlenem Vollkornmehl, warmem Wasser, Kräutersalz, den anderen Gewürzen sowie der leicht aufgelösten (nicht heißen) Butter einen Knetteig herstellen. Den Teig einige Minuten per Hand auf der Arbeitsplatte kräftig kneten, bis er geschmeidig wird, sich glänzend zeigt und an den Rändern keine Bruchstellen bildet. 1/2 Stunde, gut eingehüllt, bei Zimmertemperatur ruhen lassen.

Inzwischen Pilze putzen, blättrig schneiden, kleine Pilze ganz lassen, Zwiebeln in feine Ringe schneiden, in ausreichend Sonnenblumenöl goldbraun dünsten. Aus dem Fettbad herausnehmen, die Gewürze und gehackten Kräuter untermengen.

Auf einem entsprechend großen Geschirrtuch, einer Serviette oder Dauerbackfolie den Dinkelteig so dünn wie möglich ausrollen.

Auf die rechteckig ausgerollte Platte etwas Butter mit einem Pinsel auftragen, damit haftet die Füllung besser.

Nun die abgekühlte Pilz-Zwiebel-Masse gleichmäßig auf der Teigplatte verteilen, an allen Seiten 1–2 cm freilassen. Am besten alle (sicherlich ungleichen) Ränder zur Mitte hin einschlagen. Mit Hilfe des unterliegenden Tuches vorsichtig eine dichte Rolle formen. Sie wird nun auf das gefettete Blech gehoben, halb zum Kranz gebogen und mit Sahne bestrichen.

Backen: Bei 200 °C etwa 25–35 Minuten backen lassen.

Das Gebäck kann warm oder abgekühlt in Scheiben serviert werden.

WÜRZPLÄTZCHEN AUS HARTWEIZEN

Zutaten für 1 Backblech:

150 g	Butter	
3 EL	Sauerrahm	
½ TL	Salz, nicht jodiert	
2 MS	Basilikumpulver, Paprikapulver, schw. Pfeffer, Spur Delikata	
2 EL	fein gehackte Kräuter wie Schnittlauch, Petersilie, Dill, Kresse wer's mag, könnte 2 EL geröstete Zwiebeln zufügen	
250 g	Hartweizen, fein gemahlen	
3 EL	Sonnenblumenkerne	fein im Mixer zerkleinert
100 g	Haselnußkerne	

Zubereitung: Butter cremig rühren, Gewürze und Kräuter untermengen. Vollkornmehl mit den zerkleinerten Sonnenblumenkernen und Haselnüssen in die Buttercreme sehr gründlich einarbeiten. Der Teig sollte 20–30 Minuten kühl ruhen.

Ausformen: Zunächst kleine Kugeln (Ø etwa 2 cm) zwischen nassen Handflächen rollen, sie mit ein wenig Abstand in 5×6 Reihen aufs Blech legen. Mit einer immer wieder in heißes Wasser getauchten Gabel aus den Kugeln flache Plätzchen drücken.

Backen: Bei 175°C etwa 15–17 Minuten goldbraun backen lassen.

Gebäck auf dem Blech erkalten lassen, erst dann abnehmen, sonst bricht es.

Tipp: Wenn früher Käsegebäck auf dem Tisch stand, kann nun dieses pikante Gebäck zu Tee bzw. einem Glas Wein gereicht werden.

GLUTENFREIES GEBÄCK IN WAFFELFORM

Zutaten für je 3 Waffelfüllungen:

Hirsewaffeln:

100 g	Hirse, 20 g Leinsaat, zusammen fein mahlen
20 g	Öl oder Butter
1 El	Nußmus
100 g	Wasser
1	Prise Salz

Reiswaffeln:

100 g	Reis, 20 g Sesamsaat, zusammen fein mahlen
20 g	Öl oder Butter
1 El	Mandelmus
100 g	Wasser
1	Prise Salz

Maiswaffeln:

100 g	Maisgrieß, Feinstufe 2
20 g	Leinsaat, fein mahlen
1 EL	Mandelmus
200 g	Wasser
30 g	Butter
	Prise Salz

Zubereitung: Getreide mit Leinsaat oder Sesamsaat fein mahlen – Mais entweder in mehreren Gängen zu feinem Grieß mahlen oder Polenta fertig kaufen. Mehl, Ölsaat, Wasser, Salz sowie Öl und weiche Butter zu einem Teig verarbeiten, 30–50 Minuten quellen lassen. Ein Waffeleisen vorheizen, die Backflächen mit Öl oder Butter einpinseln, 2–3 EL Teig auf der Backfläche verteilen. Nicht zu früh den Backvorgang beenden, sonst werden die Waffeln nicht knusprig.

Der Grundteig kann jeweils mit Gewürzen süß oder herb verändert werden durch Orangen-/Zitronensaft und/oder geriebene Mandeln/Nüsse, Zwiebelwürfel, gehackte Kräuter, zerkleinerte Gemüse.

Stets sollten die Waffeln frisch gebacken gereicht werden. Der Mais ergibt ein goldgelbes Gebäck, das noch knuspriger wird als Hirse- und Reiswaffeln. Gemüsefrischkost, Obstsalat/Früchtecreme lassen sich gut zu der einen oder anderen Waffelsorte reichen.

Hinweis: Manche Erkrankungen erfordern eine gewisse Zeitlang das Weglassen von glutenhaltigen Getreiden, z. B. Weizen, Roggen, Hafer, Gerste. Gebäcke sind dann auf die Sorten Reis, Hirse, Mais und die Körnerfrucht Buchweizen begrenzt. Gelockerte, gesäuerte Gebäcke sind mit diesen Sorten auf üblichem Wege nicht herstellbar, wohl aber mit glutenfreiem Backferment.

Um gelegentlich auch etwas Gebackenes (vor allem Kindern) anzubieten, sind Waffeln eine gute Alternative.

HAFERWAFFELN MIT FRUCHTSOSSE

Zutaten für 3 Waffelfüllungen:

- 50 g Nackthafer ⎫ zusammen fein mahlen
- 50 g Hartweizen ⎭
- 5 EL Sahne
- 5 EL Wasser
- je 1 Prise Salz, Vanillegewürz
- 1 EL Zitronensaft
- 3 EL leicht geschmolzene Butter oder 2 EL Nußmus
  Butter oder Öl zum Backen

Fruchtsoße:

- 250–300 g Äpfel, Kirschen, Aprikosen, Himbeeren oder Pflaumen
- 150 ml süße Sahne
- 2 EL Honig oder mehr
  Zimt, Vanillegewürz

Zubereitung: Vollkornmehl mit der Flüssigkeit, den Gewürzen, Honig und Butter oder Nußmus gründlich vermengen. Den Teig mindestens 30–50 Minuten quellen lassen.
In das vorgeheizte, mit Butter ausgepinselte Waffeleisen jeweils 2–3 EL Teig einfüllen, gleichmäßig verstreichen. Backen zwischen Einstellung 4 und 5 ca. 3 Minuten.
Die fertigen Waffeln u.U. mit einer Küchenschere in Herzform zerteilen. Nach kurzem Abkühlen werden die Waffeln leicht knusprig.
Für die Fruchtsoße (Creme) die Früchte mit dem Honig und den Gewürzen pürieren. Die Sahne leicht anschlagen (nicht steif) und mit dem Fruchtpüree vermengen.

Apfelmus-Creme:

Äpfel wie üblich zu Mus kochen, pürieren, im lauwarmen Zustand Honig, Vanillegewürz, etwas Zimt, zugeben. Sahne schlagen, mit kaltem Apfelmus vermengen, schmeckt köstlich.

Tipp: Waffeln ohne Honig gebacken werden und bleiben knusprig. Besser nur die Fruchtzugaben süßen.
Ein beschichtetes Waffeleisen ist günstiger, weil die nicht so stabilen Teile weniger kleben.

VOLLKORNWAFFELN

Zutaten für 3 Waffeln:

- 125 g Flüssigkeit (halb Wasser, halb Sahne) abwiegen
- ½ TL Salz, nicht jodiert
- 100 g Weizenvollkornmehl ⎫
- 1 EL Leinsaat   ⎬ zusammen fein mahlen
- 1 EL zerlassene Butter
- Öl zum Backen

Zubereitung: Vollkornmehl, Leinsaat, Salz, Flüssigkeit und zerlassene Butter gründlich verrühren, mindestens ½ Stunde quellen lassen. Die Teigkonsistenz sollte eher flüssig als zäh sein.

Das Waffeleisen vorheizen, beide Heizflächen mit Öl bepinseln, ca. 2 EL Teig eingeben, auf die gesamte Fläche verteilen, bei mittlerer Hitzestufe goldbraun backen.

Die Waffeln sind neutral gehalten, darum passen viele Zulagen, ob süß oder herb, z. B. Obstsalat, Gemüsefrischkost, Kräuter- oder Cremesoße dazu.

Zum sofortigen Verzehr gedacht.

Tipp: Die Quellzeit des Teiges garantiert gutes Gelingen der Waffeln. Sie lösen sich dadurch auch problemlos vom Waffeleisen.

Waltraud Becker

Korngesund
Das Getreide-Handbuch

Waltraud Becker: Korngesund – Das Getreide-Handbuch
128 S., Broschur mit Klappen, ISBN 978-3-89189-105-6

Umfangreiche Informationen zu allen gängigen Getreidesorten – und etlichen, die mittlerweile in Vergessenheit geraten sind. In den Industrienationen haben zwei Menschengenerationen gereicht, um das jahrtausendealte Wissen um Getreide zu verlieren. Dieses Buch will helfen, das verloren gegangene Wissen neu zu vermitteln. Zahlreiche Abbildungen und Beschreibungen, Geschichten und vieles mehr.
Ein Standardwerk!

Ein Verlag, ein Haus, eine Philosophie.

Millionen Bundesbürger kennen den kämpferischen Ganzheitsarzt Dr. Max Otto Bruker (1909–2001) aus dem Fernsehen, aus Vorträgen, durch den „Mundfunk" überzeugter Patienten. Vor allem lesen sie aber die rund 30 Bücher des schwäbischen Humanisten und Seelenarztes. Mit einer Gesamtauflage von über drei Millionen Exemplaren ist Max Otto Bruker der wohl bedeutendste medizinische Erfolgsautor im deutschsprachigen Raum. Der – in der Nachfolge des Schweizer Reformarztes Bircher-Benner scherzhaft „Deutschlands Vollwertpapst" genannte – Massenaufklärer, langjährige Klinikchef und Ernährungsspezialist lehrt zwei fundamentale Erkenntnisse Patienten wie Gesunden: Der Mensch wird krank, weil er sich falsch ernährt. Der Mensch wird krank, weil er falsch lebt.

Hinter den Erfolgstiteln des emu-Verlages steht ein bedeutender Forscher und Arzt, eine Bewegung, ein Haus und tausende Schülerinnen und Schüler. 1994 wurde das „Dr.-Max-Otto-Bruker-Haus", das Zentrum für Gesundheit und ganzheitliche Lebensweise, auf der Lahnhöhe in Lahnstein bei Koblenz bezogen. Es stellt die äußere Krönung des Brukerschen Lebenswerkes dar: Der lichte Bau mit seinem Grasdach, den Sonnenkollektoren, seinen Seminarräumen, dem Foyer mit der Glaskuppel, dem liebevollen Biogarten und der Kneippanlage ist als Treffpunkt für all jene konzipiert, denen körperliche und seelische Gesundheit, ökologische und spirituelle Harmonie Herzensbedürfnis und Sehnsucht sind.

Hinter dem eleganten Halbmondkorpus mit dem markanten Grasdach verbirgt sich eine Begegnungsstätte für Gesundheitsbewusste, Seminarteilnehmer, Trost-, Ruhe- und Anregungsbedürftige.

Das Dr.-Max-Otto-Bruker-Haus

Feste Termine:

Jeden Dienstag, 18.30 Uhr: Vortrag Dr. phil. Mathias Jung (Lebenshilfe und Philosophie)
Jeden Mittwoch, 10.30 Uhr: Fragestunde mit Dr. med. Jürgen Birmanns- (Ärztlicher Rat aus ganzheitlicher Sicht)

Ausbildung Gesundheitsberater/in GGB
Lebensberatung/Frauen-, Männer- und Paargruppen

Die vitalstoffreiche Vollwertkost hat ihre Verbreitung, auch im klinischen Bereich, durch die unermüdliche Information und praktische Durchführung von Dr. M.O. Bruker gefunden. Um die Erkenntnisse gesunder Lebensführung und die durch falsche Ernährung provozierte Krankheitslawine ins öffentliche Bewusstsein zu rücken, bildet die von ihm 1978 gegründete „Gesellschaft für Gesundheitsberatung GGB e.V." Gesundheitsberaterinnen und Gesundheitsberater GGB aus. Über 5000 Frauen und Männer haben bislang die berufsbegleitende Ausbildung bestanden und wirken in Volkshochschulen, Bioläden, Lehrküchen, Krankenhäusern, ärztlichen Praxen, Krankenversicherungen und ähnlichen Bereichen.

Auf der Lahnhöhe erhalten sie durch das GGB-Expertenteam nicht nur eine sorgfältige Grundlagenausbildung über die vitalstoffreiche Vollwerternährung und den Krankmacher der „entnatürlichten" (denaturierten) Zivilisationsernährung (raffinierter Fabrikzucker, Auszugsmehle, fabrikatorische Öle und Fette, tierisches Eiweiß usw.), sondern gewinnen auch Einblick in die leibseelischen Zusammenhänge der Krankheiten.

Anfragen zur Gesundheitsberater-Ausbildung wie zu den Selbsterfahrungsgruppen, Lebensberatung, Paartherapie bei Dr. Mathias Jung und weiteren Tages- und Wochenendseminaren sowie Einzelberatung sind zu richten an die Gesellschaft für Gesundheitsberatung GGB e.V., Dr.-Max-Otto-Bruker-Str. 3, 56112 Lahnstein
(Tel.: 02621/91 7010, 917017, 917018, Fax: 02621/917033).
E-Mail: seminare@ggb-lahnstein.de
Internet: www.ggb-lahnstein.de

Fordern Sie ebenfalls ein kostenloses Probe-Exemplar der Zeitschrift „Der Gesundheitsberater" an.

Weitere Bücher zum Thema Ernährung aus dem emu-Verlag

Ilse Gutjahr: Einfach raffiniert!
Neue Vollwertrezepte ohne tierisches Eiweiß
120 S., Broschur mit Klappen,
ISBN 978-3-89189-099-8

Sie haben zu wenig Zeit? Vollwertig essen ist Ihnen zu kompliziert – und obendrein auch noch zu teuer? Und ist das überhaupt so gesund?
Sie können aufatmen: Dieses Rezept- und Ernährungsbuch bietet Genuss auf der ganzen Linie. Leckere, einfache Vollwertrezepte ohne tierisches Eiweiß, die auch dem verwöhnten Gaumen gefallen. Hauptgerichte, Salate, Pizza u. v. m.

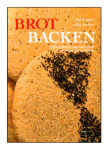

Ilse Gutjahr und Erika Richter: Brot backen –
Vollkornbrote und Aufstriche aus der eigenen Küche
114 S., Broschur mit Klappen,
ISBN 978-3-89189-113-1

Brot backen macht Spaß! Die Handhabung von Natursauerteig und Hefeteig ist im Grunde kinderleicht. Mit den richtigen Zutaten und bei der richtigen Temperatur kümmert sich der Teig um sich selbst – Sie müssen ihm dann nur noch etwas einheizen! Und wenn Sie am Ende das selbst hergestellte Brot genießen, wissen Sie sogar, was drin ist.
Der Genuss von frischem Brot oder Brötchen wird aber erst perfekt durch einen köstlichen Aufstrich: Am Ende dieses Buches finden Sie in 16 Rezepten leckere und gesunde Alternativen zum üblichen Einheits-Brotbelag.

Gertrud Gummerer, Wilma Taibon:
HochGenuss –
Vegetarische Vollwertküche aus Südtirol
183 S., gebunden, ISBN 978-3-89189-171-1

Auberginenauflauf, Pasta, Gnocchi, Salate, Maronen … Rezepte aus Südtirol sind wahre Feinschmecker-Tipps. Umso schöner, wenn die Gerichte auch noch gesund und einfach zuzubereiten sind! Das vorliegende Buch präsentiert eine traumhafte Palette regionaler Spezialitäten, vom herzhaft alpinen Kartoffelhaferknödel bis zur mediterranen Tagliatelle mit Raukepesto.
Tun Sie sich etwas Gutes: Gönnen Sie Ihrem Speiseplan einen Urlaub in Südtirol auf Basis einer vitalstoffreichen Vollwertkost aus der eigenen Küche!

Margarete Vogl
Wilde Köstlichkeiten
75 leckere Ideen für die Wildkräuterküche – vegetarisch und vitalstoffreich
185 S., Halbleinenband, Schutzumschlag, zahlreiche Fotos
ISBN 978-3-89189-186-5

Lassen Sie sich durch eindrucksvolle Bilder von Speisen, Pflanzen und Naturaufnahmen anregen und inspirieren! Wildpflanzen sind äußerst vielfältig in Geschmack und Verwendung. Die scheinbar alltäglichen kostbaren Gewächse bereichern ihre Küche! Abgerundet wird dieser außergewöhnliche kulinarische Streifzug durch viel Wissenswertes, Geschichten und Geheimnisse rund um die Welt der Wildkräuter.

Ilse Gutjahr und Erika Richter:
Streicheleinheiten –
Von der Kunst, schmackhafte Brotaufstriche
zu zaubern
144 S., gebunden, ISBN 978-3-89189-063-9

Schluss mit dem langweiligen Einerlei von Käse, Wurst & Marmelade! Selbst gemachte leckere Aufstriche sind wahre Streicheleinheiten fürs Gemüt – und Sie können sicher sein, was drin ist!
Ilse Gutjahr und Erika Richter präsentieren aus der Lehrküche des Dr.-Max-Otto-Bruker-Hauses mit Pfiff und einem Schuss Humor leicht herstellbare und äußerst schmackhafte Erfolgsrezepte. Brot- und Brötchen, Kniffs, Tricks und Tipps aus der Expertenküche … ein Geschenk für verwöhnte Gaumen.

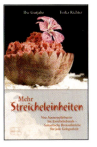

Ilse Gutjahr und Erika Richter:
Mehr Streicheleinheiten –
Von Austernpilzbutter bis Zwiebelschmalz –
Fantastische Brotaufstriche für jede Gelegenheit
144 S., gebunden, ISBN 978-3-89189-170-4

Das erste Buch „Streicheleinheiten" erschien bereits 1995 und hat längst zweistellige Auflagen erreicht – ein kleiner Klassiker unter den besonderen Kochbüchern. Nun haben die beiden erfahrenen Gesundheitsberaterinnen der GGB nachgelegt: Neue Aufstriche, fantasievoll, pikant oder süß, ergänzt durch vielfältige Küchen- und Gesundheitstipps – dieses Buch hat das Zeug, ebenfalls ein echter Bestseller zu werden. Lassen Sie sich verführen von der Kunst, leckere Brotaufstriche zu zaubern!

Doris Böge und Kirsten Christoff:
Fantastisch frisch –
Vielseitige Frischkost für Feinschmecker –
Salate, Desserts, Snacks, Suppen, Dips & Soßen
94 S., Broschur mit Klappen, ISBN 978-3-89189-134-6

Was ist Frischkost? Ganz sicher nicht: nur ein langweiliges Einerlei aus Blattsalat, Tomate, Gurke. Und ganz sicher mehr als eine kleine Beilage zum Hauptgericht. Frischkost ist: Natur pur mit lebensnotwendigen Vitalstoffen. Keine Tablette, kein Pulver und kein „Nahrungsergänzungsmittel" kann die Vielfalt ersetzen, die in einer fantasievoll zubereiteten Frischkost steckt. Fehlen Ihnen bisher die Ideen und Anregungen für Ihre tägliche Portion Gesundheit?
Hier sind sie – aus den Händen von zwei experimentierfreudigen GGB-Gesundheitsberaterinnen!

Ilse Gutjahr: Iss, mein Kind!
136 S., Broschur, ISBN 978-3-89189-064-6

Mit dem Abstillen beginnt das Problem oft schon: Ihr Kind reagiert auf ersatzweise angebotene Kuhmilch, Pulvermilch und industriell gefertigte Gläschenkost mit Hautausschlag, so genannter Neurodermitis, und anderen Empfindlichkeiten. Und das Elend geht weiter: Spätestens im Kindergarten verlangt Ihr Sonnenschein nach Big Mac, Schokoriegel, Gummibärchen, Fast Food, Fun Food und gesundheitsschädlichen Verführern der Zucker- und Süßwarenindustrie. Was können Sie dagegen tun?
Verbote, Strafen, „Zwangsernährung" und schwarze Pädagogik nützen überhaupt nichts. Sie schrecken nur ab und machen Ihr Kind bockig und zum Außenseiter. Fanatismus schadet nur.

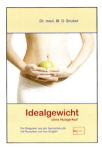

Dr. med. M. O. Bruker:
Idealgewicht
128 S., gebunden,
ISBN 978-3-89189-005-9

Übliche Schlankheitskuren und Diäten können beim Streben nach dem „Idealgewicht" nicht dauerhaft zum Erfolg führen – sie gehen grundsätzlich an den tatsächlichen Ursachen des Übergewichts vorbei! Nicht das Zuvielessen erzeugt Fettsucht und die damit einhergehenden Krankheiten, sondern das Zuwenig: ein Mangel, an bestimmten Nahrungsstoffen.
Dieser Ratgeber spricht jeden Übergewichtigen an – und alle, die ihr Gewicht halten wollen.

Ilse Gutjahr/Werner Sonntag:
Sport und Vollwerternährung –
Vollwertig Sport treiben
244 S., Broschur mit Klappen,
ISBN 978-3-89189-108-7

Bewegung und vitalstoffreiche Vollwerternährung gehören untrennbar zusammen. Immer wieder lesen wir Meldungen über Spitzensportler, die von einem Herzinfarkt dahingerafft werden oder an Erkrankungen des Bewegungsapparates leiden. Den Zusammenhang zwischen Ernährung und Erkrankung kennen jedoch auch viele, durchaus gesundheitsbewusste Profi- und Amateursportler nicht.
Wir möchten mit diesem Buch „normale" Sportler erreichen, die Spaß an Bewegung, Leistung und Fitness haben, aber dafür nicht ihre Gesundheit aufs Spiel setzen wollen. Eine vitalstoffreiche Vollwerternährung schmeckt, ist abwechslungsreich und enthält alles, was unser Organismus braucht – und ist zugleich der beste Schutz vor ernährungsbedingten Zivilisationskrankheiten!

Ilse Gutjahr:
Vollwertkost ohne tierisches Eiweiß
62 S., Broschur, ISBN 978-3-89189-019-6

Nach Dr. med. M. O. Bruker ist bei manchen ernährungsbedingten Zivilisationskrankheiten der Verzicht auf tierisches Eiweiß angeraten. Dieses Büchlein zeigt Ihnen, wie Sie auf einfache Art Ihren Speiseplan ändern können – ohne dabei die Lust am Essen zu verlieren!

Ilse Gutjahr:
Vollwertkost zum Kennenlernen
32 S., Drahtheftung, ISBN 978-3-89189-075-2

Der schnelle Einstieg in die vitalstoffreiche Vollwertkost! Einfache, leckere Rezepte, von Frischkornbrei & Vollkornbrötchen bis zu Salaten & Dressings, schnellen Hauptgerichten & Kuchen.

Ilse Gutjahr: Das große Dr.-M.-O.-Bruker-Ernährungsbuch – Theorie und Praxis der vitalstoffreichen Vollwertkost, über 100 Rezepte
256 S., gebunden, ISBN 978-3-89189-065-3

Ist Parboiled Reis vollwertig? Darf ein Patient, der an Zöliakie erkrankt ist, Vollwertkost essen? Was heißt Mehltype? Wie viel Vitamin B_1 braucht der Mensch? Wie gesund sind Sojaprodukte?
Dieses Buch enthält die wichtigsten Fragen und Antworten rund um das Thema Vollwertkost. Umfassende Gesundheitstipps und über 100 Rezepte mit bestechend schönen Farbfotos runden dieses Standardwerk ab. Dazu begleitet Dr. M. O. Bruker (1909–2001) den Leser mit ärztlichem Rat aus ganzheitlicher Sicht.

Das Standardwerk zum Thema Gesundheit & Ernährung

Dr. med. M. O. Bruker:
Unsere Nahrung – unser Schicksal
In diesem Buch erfahren Sie alles über Ursachen, Verhütung und Heilbarkeit ernährungsbedingter Zivilisationskrankheiten.
464 Seiten, gebunden, ISBN 978-3-89189-003-5

Die medizinische Forschung schreitet immer weiter voran, doch die Menschen werden immer kränker. Warum? Achtzig Prozent aller Krankheiten, so Dr. M. O. Bruker, sind vermeidbare, ernährungsbedingte Zivilisationskrankheiten.
Dieses Buch ist der Klassiker der Vollwerternährung. Hier erfahren Sie, warum wir in unserer Wohlstandsgesellschaft – trotz allem Überfluss – mangelernährt sind und mit welcher Ernährung sich verschiedenste Krankheiten, vom Gebissverfall über Rheuma, Nieren- und Gallenstein, Hauterkrankungen und Infektanfälligkeit bis hin zum Herzinfarkt, vermeiden lassen.
Dr. med. Max Otto Bruker (1909–2001), erfolgreicher Arzt für innere Medizin, Ernährungspionier und langjähriger Leiter biologischer Krankenhäuser, gründete die Gesellschaft für Gesundheitsberatung GGB e.V. und das Gesundheitszentrum Dr.-Max-Otto-Bruker-Haus in Lahnstein. Er gilt als der Wegbereiter einer ursächlichen Heilbehandlung von Krankheiten anstelle der üblichen symptomatischen Linderungsbehandlung. Seine Buchreihe „Aus der Sprechstunde" verkaufte sich bis heute mehr als 3 Millionen Mal.

Dr. med. M. O. Bruker mit Co-Autoren

Bruker: Unsere Nahrung –
unser Schicksal
464 S., gebunden,
ISBN 978-3-89189-003-5

Bruker: Lebensbedingte Krankheiten
376 S., gebunden,
ISBN 978- 3-89189-006-6

Bruker: Idealgewicht ohne Hungerkur
128 S., gebunden,
ISBN 978-3-89189-005-9

Bruker: Stuhlverstopfung
144 S., gebunden,
ISBN 978- 3-89189-004-2

Bruker: Herzinfarkt
184 S., gebunden,
ISBN 978-3-89189-007-3

Bruker: Leber-, Galle-, Magen-, Darm-
und Bauchspeicheldrüsenerkrankungen
376 S., gebunden,
ISBN 978-3-89189-008-0

Bruker: Erkältungen
168 S., gebunden,
ISBN 978-3-89189-009-7

Bruker: Rheuma – Ursache und
Heilbehandlung
184 S., gebunden,
ISBN 978-3-89189-010-3

Bruker/Gutjahr: Biologischer
Ratgeber für Mutter und Kind
360 S., gebunden,
ISBN 978-3-89189-011-0

Bruker: Diabetes – Ursachen und
biologische Behandlung
128 S., gebunden,
ISBN 978-3-89189-012-7

Bruker: Allergien müssen nicht sein
264 S., gebunden,
ISBN 978-3-89189-033-2

Bruker/Gutjahr: Zucker, Zucker ...
336 S., gebunden,
ISBN 978-3-89189-034-9

Bruker: Kopfschmerzen
160 S., gebunden,
ISBN 978-3-89189-035-6

Bruker/Gutjahr: Wer Diät ißt,
wird krank
217 S., gebunden,
ISBN 978-3-89189-037-0

Bruker/Gutjahr: Cholesterin
144 S., gebunden,
ISBN 978-3-89189-036-3

Bruker/Gutjahr: Osteoporose
144 S., gebunden,
ISBN 978-3-89189-038-7

Bruker/Gutjahr: Reine Frauensache
293 S., gebunden,
ISBN 978-3-89189-042-4

Bruker/Jung: Der Murks mit der Milch
240 S., gebunden,
ISBN 978-3-89189-045-5

Bruker/Gutjahr: Fasten – aber richtig
176 S., gebunden,
ISBN 978-3-89189-061-5

Bruker/Gutjahr: Störungen der
Schilddrüse
176 S., gebunden,
ISBN 978-3-89189-062-2

Bruker/Gutjahr: Candida albicans
176 S., gebunden,
ISBN 978-3-89189-069-1

Bruker/Gutjahr: Krampfadern
120 S., gebunden,
ISBN 978-3-89189-074-5

Bruker: Ärztlicher Rat aus ganzheitlicher Sicht
2 Bände im Schuber, 886 Seiten,
ISBN 978-3-89189-002-8

Bruker/Gutjahr: Naturheilkunde
320 S., gebunden,
ISBN 978-3-89189-072-1

Bruker/Ziegelbecker: Vorsicht Fluor
432 S., Broschur,
ISBN 978-3-89189-013-4

Sandler/Bruker: Vollwerternährung schützt vor Viruserkrankungen
160 S., Broschur,
ISBN 978-3-89189-017-2

Bruker: Kleinschriftensammelmappe
33 St., 4 – 16 Seiten Umfang,
ISBN 978-3-89189-018-9

Bruker: Aufmerksamkeiten
149 S., gebunden,
ISBN 978-3-89189-014-1

Gutjahr: Das große Dr. Max Otto Bruker Ernährungsbuch
256 S., gebunden,
ISBN 978-3-89189-065-3

Gutjahr: Vollwertkost zum Kennenlernen
32 S., Drahtheftung,
ISBN 978-3-89189-075-2

Gutjahr: Vollwertkost ohne tierisches Eiweiß
64 S., Broschur,
ISBN 978-3-89189-019-6

Ilse Gutjahr: Iss, mein Kind!
144 S., Broschur,
ISBN 978-3-89189-064-6

Ilse Gutjahr/Erika Richter: Streicheleinheiten
144 S., gebunden,
ISBN 978-3-89189-063-9

Ilse Gutjahr/Erika Richter: Mehr Streicheleinheiten
144 S., gebunden,
ISBN 978-3-89189-170-4

Ilse Gutjahr/Erika Richter: Brot backen
Broschur mit Klappen,
ISBN 978-3-89189-113-1

Waltraud Becker: Korngesund
Das Getreidehandbuch
124 S., Broschur mit Klappen,
ISBN 978-3-89189-105-6

Ilse Gutjahr: Einfach raffiniert!
Neue Vollwertrezepte ohne tierisches Eiweiß – schnell, lecker & gesund!
120 S., Broschur mit Klappen,
ISBN 978-3-89189-099-8

Ilse Gutjahr/Werner Sonntag:
Sport und Vollwerternährung
Vollwertig Sport treiben
244 S., Broschur mit Klappen,
ISBN 978-3-89189-108-7

Waltraud Becker: Lust ohne Reue
192 S., gebunden,
ISBN 978-3-89189-068-4

Gertrud Gummerer/Wilma Taibon:
HochGenuss
183 S., gebunden,
ISBN 978-3-89189-171-1

Margarete Vogl:
Wilde Köstlichkeiten
188 S., Halbleinen mit Schutzumschlag,
ISBN 978-3-89189-186-5

Helma Danner:
Das große Bio-Kochbuch für Kinder
304 S., Broschur,
ISBN 978-3-89189-192-6